Lesslie Newbigin

„Den Griechen eine Torheit“

Das Evangelium und unsere westliche Kultur

Mit einem Vorwort von Gerhard Koslowsky

Aussaat Verlag Neukirchen-Vluyn

Titel der englischen Originalausgabe:
Foolishness to the Greeks

ISBN 0-8028-0176-5 pbk.

Übersetzung: Gerhard Koslowsky

Umschlaggestaltung: Fritz Jahrmarkt, Witten
Satz: ZERO, Rheinberg
Druck: Clausen & Bosse, Leck
Printed in Germany
ISBN 3-7615-4667-X

Inhalt

Vorwort zur deutschen Ausgabe

Wenige Jahre vor der Veröffentlichung dieses Buches mit dem englischen Originaltitel »Foolishness to the Greeks« hatte Lesslie Newbigin mit seinem Büchlein »The other side of 1984« — deutsch: »Salz der Erde?! — Fragen an die Kirchen heute«, Neukirchen-Vluyn, 1985 — in den Kirchen Großbritanniens und der westlichen Welt eine Diskussion ausgelöst, an der sich im englischsprachigen Raum auch Vertreter von Wissenschaft, Politik und Wirtschaft beteiligt haben. Zu dieser öffentlichen Diskussion hatte Lesslie Newbigin mit fünf Fragen am Schluß von »Salz der Erde?!« ausdrücklich aufgefordert. Aus Anfragen, Widerspruch und Zustimmung ist dann dieses neue Buch entstanden, das Kritik und Anregungen aus der öffentlichen Diskussion ausdrücklich aufnimmt und verarbeitet.

In beiden Büchern stellt sich Newbigin der aufregenden Frage, worin die befreiende Kraft des Evangeliums für die westliche Kultur, also für unsere Kultur, besteht. Denn spätestens seit der Weltmissionskonferenz von 1963 in Mexico City, auf der das Motto »Mission in sechs Kontinenten« geprägt wurde, ist deutlich geworden: Die westliche Welt kann nicht vom Missionsauftrag ausgenommen werden, einfach mit der Begründung, daß ihre Bewohner zum allergrößten Teil einer christlichen Kirche angehören. So wie für die christliche Mission in anderen Kulturen die Kenntnis des kulturellen Kontextes als unerläßlich erkannt wurde, so muß darum auch der Kontext der westlichen Kultur — heute die mächtigste und am weitesten verbreitete — in ihrer Struktur und in ihrer Auswirkung auf die Menschen erkannt werden, wenn ihr das Evangelium wirklich zum kritischen und befreienden Gegenüber werden soll. Lesslie Newbigin hat sich besonders herausgefordert gesehen durch die Beobachtung, daß sich die westliche Kultur im Unterschied zu anderen Kulturen als weitgehend resistent gegen das Evangelium erweist. Er stellt deshalb die Frage, die heute alle missionarische und evangelistische Arbeit folgerichtig stellen muß: Warum erschwert oder verhindert westliche Kultur den Zugang zur befreienden Kraft des Evangeliums?

Natürlich ist diese Fragestellung nicht neu, und Newbigin ist nicht der einzige, der sie stellt. Die Weltmissionskonferenz von San Antonio im Mai 1989 und der Weltevangelisationskongreß von Manila im Juli 1989 haben sich mit den Fragen nach der Verkündigung des Evangeliums in einer »säkularisierten Welt« bzw. in »der Welt des Modernismus« ebenfalls eindringlich diesem Problem gewidmet. Doch Newbigins Perspektive ist ein hilfreicher und theologisch gründlicher Ansatz für die Aufgabe der Verbreitung des Evangeliums in der westlichen Kultur. Seine Kenntnis ist auch dann wichtig, wenn man mit ihm nicht übereinstimmt.

Wie schon in »Salz der Erde?!« sieht Newbigin den Ursprung unserer Kultur in der »Aufklärung« und ihrer Wahrnehmung von Wirklichkeit als Wechselspiel von Ursache und Wirkung. Er beschreibt, wie die aus dem Denksystem der Aufklärung gefolgerte Trennung von Tatsachen und Werten, von privater und öffentlicher Welt heute an ihre Grenzen stößt. Der Grundfehler dieses Denkens, so sucht Newbigin nachzuweisen, liegt darin, daß es jede Art von »Bestimmung«, von »Zweck« oder »Ziel« ausschließt. »Purpose« ist der zentrale englische Begriff, der von Newbigin hier gebraucht wird und der je nach Zusammenhang in der deutschen Übersetzung mit unterschiedlichen Begriffen wiedergegeben werden muß.

Im Dialog mit der Naturwissenschaft und ihren neuen Erkenntnissen, besonders in der Physik und Kosmologie, findet Newbigin neue Ansätze für das Gespräch zwischen »Glaubenden« und »Wissenden«. Im Dialog mit Politik und Ökonomie setzt sich Newbigin nicht nur kritisch mit den Denk- und Verhaltensmustern der westlichen Öffentlichkeit auseinander, sondern stellt auch kritische Fragen an die Kirchen. Er beschreibt, wie sie sich durch Anpassung an Denk- und Handlungsstrukturen der Aufklärung selbst die Hände gebunden und damit der Kraft zur Verbreitung des Evangeliums beraubt haben. Und er erinnert die Kirchen an ihren prophetischen Auftrag, den sie nur dann wahrnehmen können, wenn sie ein eschatologisches Bewußtsein haben.

Besondere Aufmerksamkeit widmet Newbigin jener Frage, die zwischen den beiden Weltmissionskonferenzen San Antonio und Manila 1989 erneut akut geworden ist, der Frage nämlich nach dem Dialog mit Menschen anderer Religionen und Weltanschauungen. Es ist mitreißend zu lesen, wie diese Frage unter dem Spannungsbogen zwischen Freiheit und Wahrheit verhandelt wird.

Newbigin nennt im abschließenden Kapitel sieben Punkte, an denen sich eine wirklich missionarische Kirche in unserer Kultur wesentlich von ihrem Kontext unterscheiden sollte. Damit sucht er eine Brücke zu schlagen zwischen intellektueller Reflexion und konkreter missionarischer Aufgabenstellung: Umkehr und Erneuerung der Kirche sind wesentliche Voraussetzungen, damit die befreiende Kraft des Evangeliums in unserer Kultur wirksam werden kann.

Düsseldorf, im September 1989 Gerhard Koslowsky

Vorbemerkung des Verfassers

Dieses Buch ist eine erweiterte Ausführung der Warfield Lectures am Theologischen Seminar von Princeton im März 1984. Zu tiefem Dank verpflichtet bin ich Dr. James McCord, damals Präsident des Seminars, der mir die Ehre erwies, mich zu diesen Vorlesungen einzuladen, sowie Präsident Gillespie und seinen Kollegen an der Fakultät, die mich mit größter Güte und Gastfreundschaft aufgenommen haben. Als ich die Einladung erhielt, hatte ich gerade eine kleine Broschüre geschrieben mit dem Titel »The other side of 1984« (Deutscher Titel: »Salz der Erde?!«), eine Einladung an die britischen Kirchen, sich der missionarischen Begegnung mit der gegenwärtigen britischen Kultur offener zu stellen. Die daraus entstandene Diskussion hat mich damals sehr beschäftigt. Ich entschied mich daher, diese Einladung zu nutzen, um das Anliegen jener Broschüre weiter auszuführen. Das Ergebnis liegt jetzt mit diesem Buche vor.

Es wäre unmöglich, hier im einzelnen zu würdigen, was ich meinen Freunden zu danken habe, die mir zu verstehen halfen, was zu einer ausführlicheren missionarischen Begegnung mit unserer Kultur gehört. Ich möchte auch deshalb ihre Namen nicht nennen, weil man sie sonst für meine Fehler verantwortlich machen könnte. Ich muß jedoch die Freundlichkeit von Dr. David Ford und Professor Colin Gunton ausdrücklich erwähnen — sie haben den ersten Entwurf gelesen und hilfreiche Anregungen gegeben. Desgleichen hat Dr. Arthur Peacocke Kapitel 4 gelesen und mich vor einem wesentlichen Irrtum bewahrt. Das Register wurde bearbeitet von Mrs. Hazel Clawley. Und wiederum bin ich Verleigh Cant zu großer Dankbarkeit verpflichtet, denn sie hat meine unleserliche Handschrift mit unfehlbarem Geschick und Geduld in klare Maschinenschrift verwandelt.

Selly Oak, Advent 1985 — Lesslie Newbigin

1.
Kultur nach der Aufklärung als missionarisches Problem

In den folgenden Kapiteln möchte ich darüber nachdenken, was zu einer wirklich missionarischen Begegnung zwischen dem Evangelium und der »modernen« Kultur gehört. So wird sie jedenfalls von denen genannt, die dazu gehören, den Völkern in Europa und Nordamerika, ihren kolonialen und kulturellen Ablegern und der stets wachsenden Zahl gebildeter Führungspersönlichkeiten in allen Städten der Welt. Was man gemeinhin »Modernisierung« nennt und was in weiten Teilen der Dritten Welt durch Ausbildung an Universitäten und technischen Hochschulen, durch die multinationalen Konzerne und die Medien verbreitet wird, ist eigentlich nichts anderes als die Vereinnahmung der führenden Persönlichkeiten dieser Völker in die besondere Kultur, die ihren Ursprung bei den Völkern Westeuropas hat. Ich werde sie später genauer erläutern, möchte sie aber zunächst einfach die »moderne westliche Kultur« nennen.

Diese Betrachtung stelle ich nun aus der Sicht eines Missionars an. Nachdem ich den größten Teil meines Lebens als Missionar in Indien verbracht hatte, erhielt ich danach einen Ruf als Dozent für Missionswissenschaft und wurde schließlich Missionar in einem typischen Innenstadtbereich in England. Diese Aufeinanderfolge meiner Aufgaben brachte mich auf die Frage, die ich als das Thema dieses Buches gewählt habe: Was gehört zu einer missionarischen Begegnung zwischen dem Evangelium und dem ganzen Verstehen, Denken und Leben, das wir »moderne westliche Kultur« nennen? Es ist gewiß nicht neu, das Verhältnis von Evangelium und Kultur zu untersuchen. In Richard Niebuhrs »Christus und die Kulturen« finden wir die klassische Darstellung von fünf Modellen dieses Verhältnisses. Auch Paul Tillich hat sich in seinem umfangreichen Werk mit der »Theologie der Kultur« eingehend beschäftigt. Aber dieser Aufgabe hatten sich, soviel ich weiß, hauptsächlich Theologen unterzogen, die die Erfahrung einer kulturellen Grenzüberschreitung nie gemacht hatten und die niemals das Evangelium von einer Kultur in eine grundlegend andere hatten übertragen müssen.

Andererseits gibt es die Überfülle von Untersuchungen, die Missionare aufgrund ihrer kulturüberschreitenden Aufgaben zu theologischen Themen angestellt haben. Weil westliche Missionare einerseits das schwindende Vertrauen in unsere moderne westliche Kultur miterfahren haben, haben sie andererseits klarer erkannt, daß sie in ihrer Weitergabe des Evangeliums oft kulturell bedingte Vorstellungen mit dem Wesen des Evangeliums vermischt und daher zu Unrecht göttliche Autorität für eine einzige Kultur mit all ihren Einseitigkeiten beansprucht haben.

Auf dem liberalen Flügel des Protestantismus gab es Leute wie z.B. W.E. Hocking, die bereits ausdrücklich darauf hingewiesen hatten, daß die christlichen Missionen fast völlig integriert waren in die weltweite Verbreitung westlicher Kultur. Aber am anderen Ende des Spektrums haben die konservativen Evangelikalen oft die kulturelle Abhängigkeit ihrer Religion nicht erkannt und wurden, wie viele von ihnen heute erkennen, darin schuldig, daß sie das Evangelium mit den Werten des »American Way of Life« vermengten, ohne daß sie sich dessen bewußt waren. In den vergangenen beiden Jahrzehnten gab es eine Flut missionarischer Schriften zum Problem der Kontextualisierung. Dieser Begriff setzte sich gegen die anderen, »Indigenisation« und »Adaption« (Einheimischmachung und Anpassung), durch, die früher jeweils von Protestanten und Katholiken gebraucht worden waren. Die Schwäche des ersteren lag darin, daß er die christliche Botschaft in die Abhängigkeit von traditionellen kulturellen Ausdrucksformen brachte — Formen, die ein Teil der Vergangenheit waren und von denen die jungen Leute sich unter dem fortschreitenden Einfluß der »Modernisierung« abzuwenden begannen. Folglich wurde das Evangelium mit den konservativen Elementen in der Gesellschaft gleichgesetzt. Die Schwäche des anderen Begriffs, Adaption, lag in der stillschweigenden Voraussetzung, der Missionar bringe das reine Evangelium und dieses sei der empfangenden Kultur lediglich anzupassen. Hier konnte man leicht übersehen, daß das Evangelium, wie es in Predigt und Praxis des Missionars seinen Ausdruck fand, bereits ein angepaßtes Evangelium war, nämlich von dessen oder deren eigener Kultur geprägt. Der Vorzug des Wortes »Kontextualisierung« besteht in dem Hinweis darauf, daß das Evangelium zu einem bestimmten Zeitpunkt in den gesamten Kontext einer Kultur gestellt wird. Dieser Zeitpunkt ist geprägt von der Vergangenheit und ausgerichtet auf die Zukunft.

Dennoch offenbart sich in der ganzen Fülle dieser missionarischen Literatur eine deutliche Schwäche. Sie versucht, die Probleme der Kontextualisierung in allen menschlichen Kulturen von China bis Peru aufzuzeigen und läßt dabei weitgehend die Kultur außer acht, die die am weitesten verbreitete, stärkste und eindringlichste aller derzeitigen Kulturen ist — nämlich die moderne westliche Kultur. Dieses Versäumnis ist auch deshalb besonders schwerwiegend, weil es sich um eine Kultur handelt, die sich wie keine andere als immun gegen das Evangelium erweist. In weiten Teilen Asiens, Afrikas und Ozeaniens wächst dic Kirche beständig und sogar in eindrucksvollem Ausmaß. Aber in den Einflußgebieten moderner westlicher Kultur (in seiner kapitalistischen oder sozialistischen politischen Ausformung) nimmt der Einfluß der Kirche ab, und das Evangelium scheint auf taube Ohren zu stoßen. Deshalb sollte es doch für die Forschungsarbeit von Missionswissenschaftlern keine höhere Priorität geben als die Fragestellung, was denn zu einem wahrhaft missionarischen Zugang des Evangeliums zu dieser modernen westlichen Kultur gehören müsse. Oder um es anders zu sagen: Kann nicht die Erfahrung der Missionare, die das Evangelium in andere Kulturen zu übertragen hatten, mit dem Werk der Theologen, die im Rahmen unserer modernen westlichen Kultur die Frage nach Evangelium und Kultur bearbeitet haben, so sinnvoll zusammengebracht werden, daß sie zur Lösung des von mir genannten zentralen Themas beitragen können?

Ich möchte zunächst ein paar Begriffsklärungen vornehmen. Unter »Kultur« haben wir die Gesamtheit aller Lebensäußerungen zu verstehen, die sich in einer Menschengruppe entwickelten und von Generation zu Generation weitergegeben wurden. Zentraler Ausdruck einer Kultur ist die Sprache. Die Sprache gibt einem Volk die Möglichkeit, seine Art der Aneignung und des Umgangs mit den Dingen auszudrücken. Um dieses Zentrum müßte man dann ihre bildende und musikalische Kunst stellen, ihre Technologien, ihre Rechtsordnung sowie ihre gesellschaftliche und politische Struktur. Dazu gehört natürlich als Wesenselement jeder Kultur der Bereich von Glauben, Erfahrungen und Bräuchen, mit denen man zu erfassen und auszudrücken versucht, was dem Wesen aller Dinge zugrunde liegt, was dem Leben Sinn und Halt gibt, worauf schließlich alles ausgerichtet ist. Ich spreche hier von Religion. Religion — einschließlich der christlichen Religion — ist also Teil einer Kultur.

Wenn ich vom Evangelium rede, meine ich natürlich die Aussage, daß die gesamte Menschheit in dem Geschehen um das Leben, den Dienst, den Tod und die Auferstehung Jesu Christi verändert und daher jede menschliche Kultur in Frage gestellt wird. Sicher ist auch diese Ankündigung selbst in einem bestimmten kulturellen Umfeld geschehen. Sie kam nicht einfach vom Himmel oder aus dem Mund eines Engels. Die Worte »Jesus Christus« sind die griechische Wiedergabe des hebräischen Namens und Titels »Joshua der Messias«. Sie sind Teil einer bestimmten Kultur in einem bestimmten Teil der Welt — dem östlichen Mittelmeerraum — zu einem geschichtlichen Zeitpunkt, als Griechisch die verbreitetste internationale Sprache in den Ländern um das Mittelmeer war. Weder am Anfang noch irgendwann später kann es ein Evangelium geben, das nicht in eine bestimmte kulturell geprägte Form von Worten gefaßt ist. Die Vorstellung, man könne zu irgendeiner Zeit auf irgendeine Weise ein reines Evangelium herausdestillieren, unverfälscht durch irgendwelche kulturellen Zutaten, ist eine Illusion. Ja, sie ist geradezu ein Verrat am Evangelium, denn das Evangelium handelt vom fleischgewordenen Wort. Wo immer das Evangelium in Worte gefaßt wird, steht es unter dem

Einfluß der Kultur, zu der diese Worte gehören. Und jede Lebensweise, die die Wahrheit des Evangeliums ausdrücken will, ist eine kulturell bestimmte Lebensweise. Ein kulturfreies Evangelium wird es niemals geben. Und doch stellt das Evangelium, selbst ganz und gar in kulturell geprägten Formen ausgedrückt, alle Kulturen in Frage, einschließlich derjenigen, in der es sich zum ersten Mal darstellte.

Mit diesem Buch verfolge ich mehrere Ziele: Erstens ganz allgemein die Fragenbereiche zu betrachten, die sich aus der kulturüberschreitenden Vermittlung des Evangeliums ergeben; zweitens die wesentlichen Merkmale unserer modernen westlichen Kultur zu untersuchen, einschließlich ihrer derzeitigen Anzeichen von Auflösung; drittens mich der entscheidenden Frage zu stellen, wie das Zeugnis der Bibel auch für diejenigen zur glaubwürdigen Wirklichkeit wird, die von der modernen westlichen Kultur geprägt sind; viertens danach zu fragen, was zu einer Begegnung des Evangeliums mit unserer Kultur gehört, mit besonderer Berücksichtigung der Wissenschaft als des intellektuellen Kerns dieser Kultur; fünftens dieselbe Frage im Hinblick auf unsere Politik zu stellen und schließlich nach der Aufgabe der Kirche zu fragen, die diese Begegnung herbeizuführen hat.

* * *

Ich beginne mit dem Blick auf das, was zur kulturübergreifenden Vermittlung des Evangeliums gehört. Das Neue Testament, das die Bewegung des Evangeliums von seinem Ursprung in der kulturellen Welt des Judentums bis zu seiner Ausformung in der Sprache und Lebensweise der griechischsprechenden nichtjüdischen Gemeinden berichtet, gibt uns dafür die Vorlagen. Ein hilfreicher Einstieg hierfür ist die nähere Betrachtung der Paulusrede vor König Agrippa und seinem Hof (Apostelgeschichte 26). Sie wird im kulturellen Umfeld der kosmopolitischen griechischsprechenden Welt im Osten des Römischen Reiches gehalten. Paulus spricht Griechisch. Aber an der entscheidenden Stelle seines Berichtes teilt er dem ganzen Hofstaat mit, daß Gott, als er zu ihm sprach, nicht Griechisch, sondern Hebräisch sprach (»ich hörte eine Stimme, die sprach zu mir auf hebräisch, V. 14«), die vertraute Sprache der Heimat, die Muttersprache. Paulus ist ganz in der kosmopolitischen griechischsprechenden Welt zu Hause. Aber das Wort, das seinen ganzen Lebensweg änderte, wurde hebräisch gesprochen, in der Sprache seiner eigenen Kultur.

Aber — und das ist genau so wichtig — das Wort, das sein Herz trifft, benutzt die vertraute Sprache nicht dazu, Saulus' derzeitiges Leben zu bestätigen und anzuerkennen, sondern es radikal in Frage zu stellen: »Warum verfolgst du mich?« Es zeigt ihm, daß seine so leidenschaftliche und überwältigende Überzeugung falsch ist, und daß gegen Gott gerichtet ist, was er als einen Dienst für Gott betrachtet. Es ist die Aufforderung, nicht auf dem alten Gleis weiterzufahren, sondern umzukehren und die ganze bisherige Richtung seines Lebens zu widerrufen, zu lieben, was er haßte, und zu schätzen, was er bisher zu zerstören suchte.

Und — das ist mein dritter Punkt — eine Stimme, die solch eine Forderung stellt, kann nur die Stimme des höchsten Herrn selbst sein. Niemand außer Gott hat das Recht und die Macht, einer Hingabe an Gott zu widersprechen. »Wer bist du?« fragt Paulus mit Zittern. Genauso fragte Mose am brennenden Busch »Was ist dein Name?«. Die Antwort »Ich bin Jesus« heißt für Saulus, daß er von nun an Jesus voll und ganz als Herrn erkennt.

Ich denke, wir haben hier ein Musterbeispiel für das, was zur Verbreitung des Evangeliums über kulturelle Grenzen gehört.

1. Diese Verbreitung hat in der Sprache der vorhandenen Kultur zu geschehen. Sie hat so zu geschehen, daß sie mindestens provisorisch die Verständigung sucht, die in dieser Sprache möglich ist. Täte sie es nicht, wäre sie schlicht sinnloses Getöne, das keinerlei Änderung bewirkt.
2. Trotzdem wird sie, wenn sie wirklich die Verbreitung des Evangeliums ist, die Art der Verständigung, die dieser Sprache zugrunde liegt, radikal in Frage stellen. Wirkliche Offenbarung enthält Widerspruch und ruft zur Umkehr, zu einer radikalen »metanoia«, einer Kehrtwendung des Sinnes.
3. Schließlich wird diese radikale Umkehr niemals das Ergebnis einer Überzeugung durch Menschen sein, mag sie noch so beredt geschehen. Sie kann nur das Werk Gottes sein. Wirkliche Umkehr als das eigentliche Ziel der Vermittlung des Evangeliums kann deshalb nur Gottes Werk sein, eine Art Wunder — kein natürliches, sondern ein übernatürliches.

Hervorragende Beispiele für dieses Muster sind die Johanneischen Schriften. »Johannes« ging mit der Sprache und den Denkformen der religiösen Welt, für die er schreibt, frei um. Vieles darin erinnert an die Weltanschauung, die man oft, aber sehr ungenau, »Gnostizismus« nennt und die eine auffällige Ähnlichkeit zum indischen Denken hat. Aus diesem Grunde wurde das vierte Evangelium schon sehr früh gnostischer Tendenzen bezichtigt und ist dann später von Hindus freudig aufgenommen worden, weil es Jesus stark in eine typisch indische Weltanschauung zu stellen scheint. Doch Johannes wendet diese Sprache und diese Denkformen so an, daß er ihnen eine grundlegende Frage entgegenhält und dann eben auch einen Widerspruch. Der Logos ist nicht länger eine Idee im Kopf des Philosophen oder des Mystikers. Der Logos ist der Mensch Jesus, der seinen Weg von Bethlehem nach Golgatha ging. Ich habe oft miterlebt, daß Hindus, die das vierte Evangelium zunächst aufgenommen hatten, weil es ihre Sprache gebrauchte und zu ihren Herzen sprach, dann schließlich entsetzt waren, wenn sie erkannten, was es wirklich sagen wollte. Und so kommen wir folgerichtig zu dem dritten

Punkt, auf den Johannes gleichen Wert legte: Demnach sagt Jesus im 6. Kapitel »Es kann niemand zu mir kommen, es sei denn, ihn ziehe der Vater« (Johannes 6,44). Die radikale Umkehr des Herzens, die Kehrtwende der Gedanken, die das Neue Testament *metanoia* nennt, kann niemals das berechenbare Ergebnis korrekter Kommunikationsmethoden sein. Es ist etwas Geheimnisvolles, von dem wir nur sagen können, daß unsere Kommunikationsmethoden nur eine unter vielen Möglichkeiten sind, deren das Wunder sich bedient.

Die gleiche Dreiteilung finden wir in der Erfahrung eines Missionars, der, von der eigenen Kultur geprägt, das Evangelium nun an Menschen einer anderen Kultur zu vermitteln sucht, deren Welt von einer Gesamtsicht der Dinge geprägt ist, die sich von der der Bibel weit unterscheidet. Er muß sich zunächst um die Beherrschung der Sprache mühen. Deshalb wird er für die gehörten Worte die Entsprechungen in seiner eigenen Sprache suchen, wie sie in seinem Wörterbuch als Übersetzung angegeben sind. Aber wenn er sich wirklich auf die Sprache, die Lieder und Sagen und die schriftlichen Überlieferungen des Volkes einläßt, wird er entdecken, daß es keine genauen Entsprechungen gibt. Die Bedeutung aller Worte jeder Sprache, die Resonanz also in den Köpfen ihrer Benutzer, stammt aus einer ganzen Welt von Erfahrungen und deren Verarbeitung. Daher gibt es keine genauen Übersetzungen. Der Missionar hat die Botschaft weiterzugeben, so gut er nur kann, und dabei wird er nach bestem Vermögen zurückgreifen auf die Tradition der Menschen, zu denen er spricht.

Dabei befindet er sich deutlich auf der Gratwanderung zwischen zwei Gefahren. Einerseits kann es ihm passieren, daß er einfach gar nicht ankommt: Zwar gebraucht er die Worte der Sprache, doch klingt er dabei wie ein Fremdling; seine Botschaft wird gehört wie das Stammeln eines Menschen, der wirklich nichts zu sagen hat. Andererseits könnte es ihm wohl gelingen, die Sprache seiner Hörer so zu beherrschen, daß er allzu leicht als ein Geistesverwandter akzeptiert wird — ein Prediger neuer Moral, der zu einer besseren Lebensweise aufruft, oder ein Guru, der einen neuen Weg zeigt zu dem Heil, das sich alle Menschen wünschen. Seine Botschaft wird dann allerdings schlicht von der vorhandenen Weltanschauung absorbiert und wird gehört als Ruf zu tieferer Frömmigkeit oder besserem Verhalten. Beim Versuch, »relevant« zu sein, kann man in Synkretismus verfallen, und beim Bemühen, den Synkretismus zu vermeiden, kann man bedeutungslos werden.

Obwohl diese Gefahren so oft das Bemühen von Missionaren bis zur völligen Vergeblichkeit reduzieren, kann es dennoch geschehen, daß nach der unergründlichen Vorsehung Gottes ein gesprochenes Wort die Kraft des Wortes erhält, das an Paulus auf der Straße nach Damaskus erging. Vielleicht ergeht es so plötzlich und überwältigend wie jenes. Vielleicht ist es auch ein Schlußstein, der dem ganzen schließlich einen Sinn gibt oder die letzte in einer langen Reihe von Erfahrungen, die schließlich den entscheidenden Ausschlag gibt.

Wie dem auch sei, es läßt den Hörer anhalten, umkehren und in eine neue Richtung gehen, Jesus als Herrn, als Führer und als Retter anzunehmen.

Dieser Jesus, den er so annimmt, wird der Jesus sein, den der Missionar ihm zeigt. Es wird ein Jesus sein, wie der Missionar ihn sieht. Man muß nur einmal die unterschiedlichen künstlerischen Jesusdarstellungen der vergangenen achtzehn Jahrhunderte betrachten oder die Leben-Jesu-Darstellungen der letzten 150 Jahre lesen, um zu verstehen, daß Jesus immer mit den Augen einer bestimmten Kultur wahrgenommen wird und auch nur so wahrgenommen werden kann. Man denke an den Christus der byzantinischen Mosaiken, eine Art Superkaiser, den Pantokrator; den Christus des mittelalterlichen Kruzifixus, ein herabhängendes und geschlagenes Opfer; den Christus des liberalen Protestantismus, einen aufgeklärten, emanzipierten, erfolgreichen Angehörigen des Bürgertums; oder den Christus der Befreiungstheologen, der dem Bild von Che Guevara nachempfunden ist. So wird der Neubekehrte unausweichlich zunächst das Christusbild seines Missionars übernehmen und an ihm hängen. Das kann dann dazu führen, daß er in Übernahme von Andachtsformen, Kleidung und Verhalten eine Kopie des Missionars wird — manchmal zu dessen großer Verlegenheit.

Aber das wird in der Regel nur die erste Stufe sein. Es wird nicht dabei sein Bewenden haben, denn der Neubekehrte wird beginnen, die Bibel für sich selbst zu lesen. Dabei wird er einen Standpunkt finden, von dem er ganz neu sowohl seine eigene Kultur als auch die vom Missionar überlieferte Botschaft betrachten kann. Das wird nicht auf einmal geschehen. Nur wer sich dauerhaft der Bibel öffnet, dem wird die Erfahrung zuteil, plötzlich vertraute Dinge in einem neuen Licht zu sehen. In diesem Licht wird der Neubekehrte nicht nur seine bisherige Kultur anders sehen lernen, sondern auch bemerken, daß sich das Jesusbild, das er aus der Sicht seiner eigenen Kultur im Neuen Testament findet, von dem Jesusbild, das ihm der Missionar vermittelte, unterscheidet. Von da an können sich die Dinge unterschiedlich weiterentwickeln. Der Bekehrte kann sich zum Beispiel wieder seiner eigenen Kultur zuwenden, wenn ihm aufgegangen ist, daß vieles von dem, was er zunächst vom Missionar übernommen hat, von dessen Kultur und nicht ausschließlich vom Evangelium geprägt war. Er wird dann in einer Art Trotzreaktion gegen die Kultur, die die seine unter dem Deckmantel des Evangeliums unterwandert hat, das Evangelium in den Begriffen seiner bisherigen Kultur neu zu formulieren suchen. Einiges von dem, was wir heute als »Theologie der Dritten Welt« kennen, hat vorwiegend diese negative Ausrichtung, statt daß sie vor allem darauf ausgerichtet ist, das Evangelium denen zu vermitteln, die noch innerhalb der traditionellen Kultur leben. Es kann aber auch geschehen, daß der Missionar, und mit ihm die Kirche seiner Herkunft, sich des synkretistischen Elementes in seinem eigenen Christentum bewußt wird, und des Umfangs, in dem seine eigene Kultur Form und Inhalt des von ihm gepredigten Evangeliums geprägt hatte, statt die Kultur unter das Gericht dieses Evangeliums zu stellen. Bei einer solchen Entwicklung eröffnen sich große Möglichkeiten zur gegenseitigen Korrektur. Jede Seite, die Christus durch die Brille einer bestimmten Kultur betrachtet, kann der anderen Seite zu erkennen helfen, wie sehr ihre Sicht verschwommen oder entstellt ist. Diese Art gegenseitiger Korrektur gehört zu den Grundzügen der ökumenischen Bewegung, wenn sie sich selbst treu bleiben will.

Aber selbst wo dieser gegenseitige Einfluß erste Früchte bringt, bleibt er in der modernen Welt doch unter dem Schatten der modernen westlichen Kultur, die sich überall ausbreitet. Jeder Dialog wird in den Sprachen des westlichen Europa geführt, und schon allein von daher wird dessen Begrifflichkeit bestimmt. Daran teilnehmen können nur diejenigen, die eine sogenannte moderne Erziehung genossen haben. Der Dialog ist also beschränkt auf diejenigen, die mehr oder weniger zu Mitläufern der überlegenen modernen westlichen Kultur geworden sind. Der größte Teil der kulturübergreifenden Missionsarbeit kommt immer noch von Kirchen, die zu dieser Kultur gehören. Wie also kann es eine wirkliche Begegnung des Evangeliums mit dieser Kultur geben, die ihrerseits aus dem westlichen Christentum erwachsen ist und mit der die westlichen Kirchen von Anfang an eine Lebensgemeinschaft gebildet haben? Woher sollte die Stimme kommen, die diese Kultur mit ihren eigenen Voraussetzungen in Frage stellt? Eine Stimme, die deren eigene Sprache spricht und sie dennoch mit dem gekreuzigten und lebendigen Christus so konfrontieren kann, daß sie in ihrem Lauf angehalten und vom Weg des Todes abgehalten wird? Dazu hätte doch eigentlich schon der Anblick des Atompilzes genügen müssen, der wie ein Alptraum über der modernen westlichen Welt schwebt, seit er zum ersten Male über Hiroshima stand. Aber wir wissen, daß Furcht keine Befreiung bringt. Woher also kann diese Stimme, nicht des Verderbens, sondern der Befreiung, so zur modernen westlichen Welt sprechen, daß sie sie hören kann als Stimme ihres Herrn und Befreiers?

Ich begann mit dem Hinweis auf die Rolle eines Missionars bei der kulturüberschreitenden Kommunikation des Evangeliums und habe dabei auf die besondere Bedeutung der Bibel verwiesen. Worin besteht ihre besondere Funktion bei der Begegnung der modernen westlichen Kultur mit dem Evangelium? Wenn ich auch erst im nächsten Kapitel unsere Kultur näher untersuchen werde, muß ich bereits an dieser Stelle etwas davon vorweg nehmen. Seit der Aufklärung, in der — das werde ich dann zeigen — unsere moderne Kultur sich ihrer selbst voll bewußt wurde, war es unmöglich geworden, von der Bibel so einfach als von Gottes Wort zu sprechen, wie man es in früheren Zeiten noch tun konnte. In den vergangenen 250 Jahren ist die Bibel als Teil menschlicher Kulturgeschichte intensiv untersucht worden. Wir haben ihre ungeheure Vielfalt erkennen gelernt, die Komplexität der Prozesse, die zu ihrer vorliegenden Form geführt haben und die jeweils kulturell bedingte Sicht der Welt und des Menschen. Wenn ein Christ als Teil der modernen westlichen Kultur sagt: »Für mich ist die Schrift Gottes Wort«, wird das als eine persönliche Entscheidung angesehen, eine unter vielen anderen möglichen Entscheidungen, etwa der Muslime, der Buddhisten, der Positivisten und wer es auch sein mag. Diese Entscheidung wäre dann zu untermauern durch Argumente, die ein moderner Mensch akzeptieren kann.

Peter Berger ist einer von denen, die die Möglichkeit einer christlichen Behauptung im Kontext moderner westlicher Kultur ausführlich beschrieben haben. In »The Heretical Imperative« behauptet er, das Unterscheidungsmerkmal dieser Kultur sei darin zu finden, daß es keine allgemein anerkannte »Plausibilitätsstruktur«[1] gibt. Diese Struktur wird in der Regel als selbstverständlich betrachtet und nicht hinterfragt. Abweichung wird als Häresie betrachtet, — also entsprechend der ursprünglichen Bedeutung von »hairesis«, — das Treffen einer eigenen persönlichen Entscheidung statt des Verbleibens in der vorgegebenen Tradition. In prämodernen Kulturen waren Häretiker in der Minderheit. Im mittelalterlichen Europa etwa oder im zeitgenössischen Saudiarabien sind es nur Ausnahmeerscheinungen, die die vorgegebenen Glaubensstrukturen hinterfragen. Im allgemeinen gilt: »So ist es und so war es immer schon«. Berger behauptet nun, daß wir in der modernen westlichen Kultur alle Häretiker sein müssen, denn dort gebe es keine allgemein anerkannte Glaubensstruktur. Im Hinblick auf letzte Glaubenswahrheiten herrsche Pluralismus, und von daher muß jeder einzelne sich selbst entscheiden, was er letztlich glaubt. In diesem Sinne stehen wir alle unter dem »häretischen Imperativ«.

In dieser Situation beschreibt Berger drei Möglichkeiten christlicher Behauptung, die er (nicht sehr glücklich) deduktiv, reduktiv und induktiv nennt. Die deduktive Möglichkeit wählt aus den vorhandenen Traditionen eine aus und setzt sie absolut — am besten so bestimmend, daß andere Stimmen zum Schweigen verurteilt werden. Berger nennt Karl Barth als einen der bekanntesten Exponenten dieser Strategie. Zwar erweist er zunächst diesem großen Schweizer Theologen seinen Respekt, hält ihn aber schließlich für indiskutabel. Selbst dreizehn Bände einer Dogmatik reichten zur Begründung eines solchen Standpunkts nicht, wenn man nicht Vernunftgründe für die Wahl gerade dieses Ausgangspunktes und keines anderen anführen könne. Es genüge nicht, einfach zu sagen: »So sagt es mir die Bibel«, wenn man nicht Gründe angeben kann, warum man die Bibel wählt und nicht den Koran, die Gita oder »Das Kapital«.

---

1. »Plausibility structure« ist — nach Berger — eine Gesellschaftstruktur, die mit ihren Vorstellungen und Praktiken die Voraussetzungen dafür schafft, welche Weltanschauungen in der betreffenden Gesellschaft plausibel sind.

Ein typisches Beispiel für die zweite, die reduktive Möglichkeit, sieht Berger in Bultmanns Programm der Entmythologisierung. Es gehe davon aus, daß die Plausibilitätsstruktur herkömmlicher Religiösität in der Atmosphäre der säkularen urbanen Gesellschaft schlechterdings nicht bestehen kann. Bultmann nimmt, so Berger, die Geisteswelt des modernen säkularen Menschen zum eigentlichen Kriterium dessen, was man glauben kann.

Wenn Bultmann in seinem bekannten Ausspruch sage »Man kann nicht elektrisches Licht und Radio gebrauchen, bei Krankheiten die moderne Medizin in Anspruch nehmen und gleichzeitig an die Welt der Geister und Wunder des Neuen Testamentes glauben« dann sei sein »man kann nicht« ein unbewußtes Echo auf Luthers »ich kann nicht anders«; dieses Nicht Können aber basiere auf einem völlig anderen Verständnis letzter Wirklichkeit. Letztlich setze das reduktionistische Programm die moderne Weltanschauung als endgültig voraus und müsse schließlich die Teile christlicher Tradition über Bord werfen, die Bultmann gerade zu retten suche. Man brauche Jesus nicht, wenn man eine existentialistische Weltanschauung hat.

Berger entscheidet sich für die dritte Möglichkeit, die er die »induktive« nennt. Dabei geht er von einer universalen menschlichen Erfahrung aus, die er in einem anderen Buch, »Signals of transcendence«, die religiöse Erfahrung nennt. Sie liege allen Theologien als Schlüssel für die Situation des Menschen zugrunde (seien es Barth oder Bultmann, Islam, Hinduismus oder Buddhismus). Hier beruft er sich vor allem auf Schleiermacher. Dieser habe, so Berger, den einzigen Weg gewiesen, der im Rahmen unserer modernen säkularen Weltanschauung gangbar sei. Die Bewegung, die sich mit dem Namen von Karl Barth verbinde, müsse als zeitweiliger Umweg angesehen werden, und Berger begrüßt, daß die Theologie sich jetzt wieder in die richtige Richtung bewege. Die eigentliche Frage sei: wie unterscheidet man unter den vielen Signalen der Transzendenz die wahren von den falschen? Berger findet die Antwort in Worten des islamischen Theologen und Mystikers al Ghazali: sie müssen alle in »der Waage der Vernunft« gewogen werden.[2] Er legt Wert darauf, daß er mit dieser Antwort nicht einem Rationalismus nach Art der Aufklärung verfällt. Er tritt ein für das, was er »nüchterne rationale Bewertung« nennt als die einzige Möglichkeit, zwischen wahrer und falscher religiöser Erfahrung zu unterscheiden; allerdings unternimmt er nicht einmal den Versuch, die Kriterien für diese Bewertung zu beschreiben oder die Grundlage, auf der solche Kriterien akzeptiert werden können. Vielleicht hat das Adjektiv »nüchtern« hier mehr als die übliche Bedeutung, denn der ursprüngliche Kontext von al Ghazalis Vorstellung eines »Maßstabs der Vernunft« ist ein Abschnitt, in dem er konkrete religiöse Erfahrung mit einer Art von Trunkenheit vergleicht und fortfährt: »Liebende sprechen in einer Art von Trunkenheit,

2. The Heretical Imperative, Seite 148.

ihre Worte gehören in die Verborgenheit und nicht in die Öffentlichkeit«. Aber weiter: »Ihre Trunkenheit vergeht und ihre Vernunft gewinnt die Herrschaft zurück — und Vernunft ist Gottes Maßstab auf Erden.«[3] Das paßt zu Bergers eigener Formulierung, daß religiöse Gewißheit nur in der Enklave religiöser Erfahrung gewonnen werden kann und nicht im normalen Leben, es sei denn »bei anfechtbarem Erinnerungsvermögen«.

Es scheint klar, daß die »nüchterne Rationalität«, mit der der Wert unterschiedlicher religiöser Erfahrungen beurteilt wird, nicht zu dieser Enklave gehört, sondern zum Leben in der Öffentlichkeit außerhalb der Enklave. Diese Art von Rationalität leitet sich nicht aus der religiösen Erfahrung selbst her, sondern beurteilt diese Erfahrung von außen. Und es ist unschwer zu erkennen, daß es eigentlich die Art von Rationalität ist, die auf den Denkansätzen unserer Kultur beruht.

Ich glaube, Berger hat recht, wenn er es im vorderen Teil seines Buches als grundlegend für unsere moderne westliche Kultur bezeichnet, daß sie den Freiheitsbereich, in dem der Einzelne seine eigenen Entscheidungen treffen kann, enorm erweitert hat. Was in früheren Zeiten oder in anderen Kulturen schlicht als unabänderlich hingenommen wurde, wird heute zu einem sehr großen Teil von Menschen gesteuert. Mit Hilfe der modernen Technologie können moderne Menschen den Beginn des Lebens festsetzen, den Gesprächspartner wählen, sich Lebensart und Lebensstil selbst aussuchen. Beherrschen sie mit Erfolg die Methoden modernen Lebens, können sie ganz nach Belieben Beruf, Wohnsitz, Umgang und sogar die Ehegatten wechseln. Die herkömmlichen Glaubens- und Verhaltensweisen lösen sich weitgehend auf, denn sie galten nur, solange sie nicht hinterfragt wurden. Jeder Mensch entscheidet nun selbst über seinen Glauben und sein Verhalten. Und darum ist es ganz natürlich, daß auch die Religion in dieses Selbstverständnis des Menschen einbezogen wird. Wo diese Art Erfahrung eine Kultur bestimmt, muß man natürlich auch die Religion als eine Sache persönlicher Entscheidung betrachten, unbeeinflußt von jedweder übermenschlichen oder übernatürlichen Autorität. Wir alle unterliegen in diesem Sinne dem »häretischen Imperativ«.

Die kritische Betrachtung des ganzen Weltverständnisses, wie es sich in der modernen westlichen Kultur darstellt, erfolgt erst im folgenden Kapitel. An dieser Stelle kommt es mir nur auf einen Punkt an: Berger hat zwar recht, wenn er zeigt, wie die traditionellen Plausibilitätsstrukturen sich durch ihren Kontakt mit dieser modernen Weltsicht auflösen, und er hat auch recht, wenn er uns daran erinnert, daß Stärke und Durchsetzung dieser Weltsicht noch kein Grund sind, sie für wahr zu halten. Offensichtlich aber will er nicht zugeben,

---

3. The Heretical Imperativ, Seiten 90-91; Zaehner, »Mysticism«; Sacred and Profane, Seiten 157-158; Ghazali, Mishkatu 'l Anwar, Seite 121 (Englische Übersetzung W.H.T. Gardiner (Lahore 1952), Seiten 103, 152).

daß sie selbst eine Plausibilitätsstruktur ist und auch so funktioniert. Es ist doch keineswegs so, daß es keine allgemein akzeptierte Plausibilitätsstruktur gebe und wir nur deshalb unsere eigenen Entscheidungen treffen. Dies *ist* die beherrschende Plausibilitätsstruktur, und wir treffen unsere Entscheidungen nur innerhalb ihrer Koordinaten. Was unsere Kultur »Tatsachen« nennt, ist der öffentliche Bereich, der sich vom privaten Bereich des Glaubens, der Meinung und der Werte unterscheidet. Das ist die derzeit wirksame und gültige Plausibilitätsstruktur unserer modernen Welt.

Bergers induktive Methode, mit der er an das Phänomen der Religion herangeht, ist selbst Teil dieser Plausibilitätsstruktur. Seine nüchterne Rationalität als Gegensatz zum Rausch religiöser Erfahrung, ist die Rationalität dieser Weltsicht. Der öffentliche Bereich, den er in Gegensatz stellt zu jenen Enklaven, wo religiöse Gewißheit möglich wird, ist der Bereich, der von den Voraussetzungen dieser Weltsicht bestimmt ist. Die induktive Methode, die Berger benutzt, bildet die Grundlage der gesamten Entwicklung der modernen wissenschaftlichen Weltsicht seit den Zeiten von Bacon und Galilei. Wenn wir einmal nicht vom Standpunkt der Wissenschaft auf das Christentum sehen, sondern umgekehrt, vom Standpunkt der christlichen Offenbarung die Welt der Wissenschaft betrachten, können wir sehen, daß die Berechtigung der induktiven Methode sowohl vorhanden als auch begrenzt ist. Sie ist ein richtiger Weg zur Wahrheitsfindung, weil die geschaffene Welt sowohl rational als auch kontingent ist. Rational als die Schöpfung Gottes, der Licht ist und nicht Finsternis, und kontingent, weil sie nicht ein Teil Gottes ist, sondern die Schöpfung Gottes, von ihrem Schöpfer ausgestattet mit einer gewissen Autonomie. Folgerichtig können wir die geschaffene Welt und was sich in ihr ereignet genau kennenlernen, wenn wir sie sorgfältig untersuchen. Das ist die Grundlage aller Wissenschaft. Aber es gibt auch eine Grenze für die Gültigkeit dieser induktiven Methode, denn sie hat keine Antwort auf die eine Frage: Durch wen und wozu wurde diese ganze Welt geschaffen? Vor dem Ende der Welt kann die Antwort auf diese Frage nicht durch irgendeine Induktionsmethode gefunden werden, denn ohne diesen Gesichtspunkt sind die Daten für eine Induktion mangelhaft.

Innerhalb der Weltsicht moderner westlicher Kultur ist es durchaus möglich und erlaubt, so wie es Berger tut, auch weiterhin das Phänomen religiöser Erfahrung genauso zu untersuchen wie alle anderen Tatsachen, über die man sich kundig machen kann, um mit Hilfe der Induktion dann Schlüsse aus all diesen Beobachtungen zu ziehen. Auf diese Weise ist es durchaus möglich und richtig, einen engen Positivismus in Frage zu stellen, der für den Bereich der religiösen Erfahrung einen kulturellen Einfluß nicht gelten lassen wollte. Berger ist darin ein treuer Gefolgsmann Schleiermachers, daß er Religion den Gebildeten unter ihren Verächtern zugänglich machen und dabei zeigen möchte, daß es für Religionsausübung in der Plausibilitätsstruktur der modernen wissenschaftlichen Weltsicht einen angemessenen Platz gibt. Aber diese Weltsicht wird dadurch insgesamt nicht in Frage gestellt. Der autonome Mensch steht noch immer im Mittelpunkt — mit seiner vollen Entscheidungsfreiheit. Da gibt es nichts Vorgegebenes, das er als Ausgangspunkt für sein Forschen akzeptieren müßte. Die ganze Methodik von Forschung und Diskussion schließt ganz schlicht die Möglichkeit aus, es könne wirklich einmal eintreten, daß der Eine, der das ganze Universum geschaffen hat und erhält, sich selbst zu einer bestimmten Zeit und an einem bestimmten Ort in der Geschichte des Universums persönlich bekanntmachen könnte. Jede Behauptung, dies sei wirklich geschehen, wird schlicht in eine Reihe gestellt mit ähnlichen Behauptungen und mit ihnen in ein Kompendium für vergleichende Religionswissenschaft verwiesen. Oder anders gesagt, sie wird zum Schweigen gebracht durch ihre Einordnung in die moderne wissenschaftliche Weltsicht. Das Evangelium wird als Darstellung eines Ereignisses betrachtet, wie es auch sonst in den Enklaven religiöser Erfahrung stattfindet. Es muß aus seiner Verborgenheit an die Öffentlichkeit gebracht werden, damit es, zusammen mit allen anderen Spielarten religiöser Erfahrung, auf der Waage der Vernunft gewogen werden kann. Später werde ich noch nachweisen, daß diese Zweiteilung zwischen privaten und öffentlichen Bereichen ein Grundprinzip der modernen westlichen Kultur ist: für eine wirksame missionarische Begegnung des Evangeliums mit dieser Kultur muß man vor allem diese Zweiteilung durchschauen. Aber hier muß in diesem Zusammenhang noch auf Bergers Argumentation eingegangen werden. Wenn Berger behauptet, daß wir in den westlichen Kulturen unter dem häretischen Imperativ stehen, hat er bestimmt recht; und doch verbirgt diese Behauptung mehr als sie erklärt. Das wird deutlich an dem Sachverhalt, den man gewöhnlich »Pluralismus« nennt. Der westliche Kulturkreis läßt im Gegensatz zu anderen Kulturkreisen den Menschen in sehr weit gezogenen Grenzen die Freiheit, ihre eigenen Vorstellungen zu entwickeln von dem, was gut und erstrebenswert ist, und an ihnen festzuhalten, welcher Lebensstil geschätzt wird, welche ethischen Regeln privates Leben bestimmen sollen. Dieses Verständnis wird dann ganz selbstverständlich übertragen auf Muslime, Sikhs, Hindus und Buddhisten, die sich in vorher christlichen Ländern jetzt in großer Zahl zunehmend etablieren. Viele Christen gehen davon aus, daß das Prinzip des Pluralismus auch hier zu gelten hat. Der konkurrierende Wahrheitsanspruch anderer Religionen wird nicht als Herausforderung zur Auseinandersetzung und eigener Standortbestimmung angesehen. Vielmehr sind sie schlicht Teil des Mosaiks — oder vielleicht sollte man sagen Kaleidoskops — der verschiedenen Wertvorstellungen, die erst zusammen das ganze Bild formen. Bergers Begriff »häretischer Imperativ« gibt diese Situation richtig wieder. So etwas wie eine Orthodoxie im alten Sinne gibt es nicht mehr. Wir sind alle Häretiker im ursprünglichen Sinn dieses Wortes, denn wir entscheiden selbst, was wir glauben. Und selbst Orthodoxie, die man jetzt Neo-Orthodoxie nennen muß, ist nur eine besondere Spielart dieser Häresie.

Das alles kann man an Bergers Begriff sehr schön ablesen. Er verbirgt jedoch, daß es gleichwohl einen Bereich gibt, in dem wir nicht alle Häretiker sind. Das ist der Bereich der sogenannten »Tatsachen« im Unterschied zu den sogenannten »Werten«. Im Bereich der Werte haben wir alle die Freiheit zu entscheiden, was wir für richtig halten und was nicht; in der Welt der Werte funktioniert der häretische Imperativ. Aber er ist in dem Bereich außer Kraft gesetzt, den unsere Kultur als »Tatsachen« bezeichnet; hier gehen wir davon aus, daß Behauptungen entweder richtig oder falsch sind. Wo Behauptungen einer angeblichen Tatsache einer anderen Behauptung widersprechen, lassen wir das nicht einfach auf sich beruhen, geschweige denn, daß wir uns dann beglückwünschen zu unserem Glauben an das Prinzip des Pluralismus. Wir diskutieren, experimentieren, führen Untersuchungen durch und vergleichen die Ergebnisse, bis wir uns schließlich darauf einigen, was denn die Tatsachen sind; und wir erwarten, daß alle vernünftigen Menschen das akzeptieren. Wer das nicht akzeptiert, ist dann der wirkliche Häretiker. Natürlich wird er nicht auf dem Scheiterhaufen verbrannt, aber seine Ansichten werden weder in wissenschaftlichen Zeitschriften noch in den Hörsälen der Universitäten verbreitet. Im Hinblick auf die sogenannten »Tatsachen« (und ich will jetzt diesen Begriff hier nicht definieren, weil uns das noch viel tiefer ins Zentrum der Auseinandersetzung führen würde; ich gebrauche ihn hier einfach so, wie er ständig in der Umgangssprache gebraucht wird) ist eine Behauptung entweder richtig oder falsch, wahr oder unwahr. Aber hinsichtlich der Werte und besonders hinsichtlich der religiösen Glaubensvorstellungen, auf denen diese Werte letztlich beruhen, gilt ein anderer Sprachgebrauch. Wertsysteme, wie sie sich in unterschiedlichen Lebensweisen niederschlagen, sind nicht richtig oder falsch, wahr oder unwahr. Sie sind Sache der persönlichen Entscheidung. Hier ist das herrschende Prinzip der Pluralismus, Respekt vor der Freiheit jedes Menschen, die Werte selbst zu wählen, nach denen er oder sie sein Leben ausrichten will.

Im vierten Kapitel werden wir darauf zurückkommen, wie dieses Konzept der »Tatsachen« in unserer Kultur funktioniert. Es ist das Kernstück der Plausibilitätsstruktur, mit der unsere Kultur sich selbst zu erhalten sucht. Es ist sozusagen, die Mitte des Tempels, das höchste Objekt der Verehrung. Bergers Gebrauch des Wortes »Enklave« als Bezeichnung für den Bereich, in dem ursprüngliche religiöse Erfahrung stattfindet, ist meines Erachtens sehr suggestiv. Er interpretiert die frühesten Erfahrungen am Anfang der großen Weltreligionen — die Erfahrung der Jünger mit Jesus, oder die Erfahrung Mohammeds in der »Nacht der Herrlichkeit« — als Spielarten eines einzigen Phänomens, das man Religion nennt. Er behauptet, daß »eine Untersuchung des Wahrheitsanspruches jeder Religion auf vergleichender und historischer

Analyse fußen muß. Das Christentum macht dabei keine Ausnahme. Es ist eine der historisch greifbaren religiösen Formen, mit den gleichen empirischen und phänomenologischen Methoden zu analysieren, wie all die anderen Formen«. Folglich »kann christliche Theologie keinen ausgegrenzten heiligen Bereich für sich beanspruchen, in dem sie sich den Fragen historischer Wissenschaft und anderer empirischer Disziplinen nicht stellen müßte«.[4]

Nun ereigne sich religiöse Erfahrung zwar im ausgegrenzten heiligen Raum, aber ihr Wahrheitsanspruch müsse im öffentlichen Bereich der Tatsachen, also im Wirkungsbereich der wissenschaftlichen Disziplinen, auf die Probe gestellt werden. Religiöse Überzeugungen könnten für ihre Anhänger ihren Wert haben und müßten als solche respektiert werden. Aber Wahrheitsansprüche müßten in der Öffentlichkeit auf die Probe gestellt werden, wo die Prinzipien moderner Wissenschaft gelten.

Hier wird Pluralismus nicht akzeptiert. Aber es wird auch nicht die Frage nach den Voraussetzungen gestellt, mit denen diese wissenschaftlichen Disziplinen operieren. Es wird nicht einmal die Möglichkeit eingeräumt, daß religiöse Erfahrung einen Zugang zur Wahrheit eröffnen könnte, die die Voraussetzungen wissenschaftlicher Disziplinen radikal relativieren kann. Gewiß ist es wahr, daß christliche Theologie nur ordentlich betrieben werden kann, wenn sie sich den Fragen stellt, die von der modernen Wissenschaft und von anderen Weltreligionen gestellt werden. Aber zwei Dinge werden ohne weitere Erörterung einfach für selbstverständlich gehalten: Erstens wird vorausgesetzt, das Wesen des Christentums sei das gleiche wie das anderer Weltreligionen, und zweitens hätten alle Religionen ihren Wahrheitsanspruch den Maßstäben wissenschaftlicher Methoden zu unterwerfen. An diesem Punkt haben wir auf einmal alle orthodox zu sein, wenn es um die Plausibilitätsstruktur der sogenannten modernen wissenschaftlichen Methode geht. Hier sollen wir nicht Häretiker sein dürfen. Im vierten Evangelium wird massiv vorgetragen, daß in dem Menschen Jesus der Schöpfer und Erhalter und Herr des gesamten Universums gegenwärtig ist, daß er das Licht der Welt ist und daß nur in diesem Licht sowohl die Weltregierungen als auch die gesamte Struktur moderner Wissenschaft letztlich erkannt werden können als das, was sie wirklich sind. Dieser Glaube aber wird ausgeschlossen. Man würde ihn natürlich nicht Häresie nennen. Man würde ihn eher als unverbesserliche Uneinsichtigkeit bezeichnen. Aber nichtsdestoweniger wäre er von der Diskussion ausgeschlossen. Und mein Anliegen in diesem Buch ist die Frage: »Wie kann diese Behauptung — mit ihrem Zuspruch und ihrem Anspruch — in dieser Welt gehört werden, in der wir westlichen Christen eine so erhebliche Rolle spielen?«

---

4. The Heretical Imperative, Seite 136.

In diesem ersten Kapitel habe ich einleitend die Frage stellen wollen, was zu einer Begegnung des Evangeliums mit der modernen westlichen Kultur gehört. Im nächsten möchte ich mich mit Natur und Wesen dieser Kultur etwas gründlicher beschäftigen. Aber meine bisherige Argumentation hat direkt hingeführt zu dem Punkt, auf den ich mit meinen Ausführungen über die Trennung zwischen Tatsache und Wert hinaus wollte. Im nächsten Kapitel werden wir uns mit dem Ursprung dieser Trennung zu beschäftigen haben. Bereits hier ist klar, daß diese Trennung einer anderen charakteristischen Unterscheidung unserer Kultur entspricht, nämlich der Unterscheidung zwischen dem privaten und dem öffentlichen Bereich. Der öffentliche Bereich ist der Bereich der Tatsachen, für die von jedem intelligenten Menschen Zustimmung erwartet wird — oder zumindest die Fähigkeit, dazu gebracht zu werden. Natürlich ist die überwiegende Mehrheit der Menschen die meiste Zeit für die meisten ihrer Informationen auf die Experten der unterschiedlichsten Gebiete angewiesen. Aber dieses Angewiesensein läuft doch auf ein Vertrauen zu den Experten hinaus, daß sie in gewissenhafter Ehrlichkeit und Vorsicht ihre Analysen und Untersuchungen betreiben. Es läuft darauf hinaus, daß ihre Behauptungen für uns, wenn wir selbst Zeit und Sachkenntnis dafür hätten, überprüfbar seien. Und wo es zwischen behaupteten Tatsachen noch Widersprüche gibt, erwarten wir, daß weitere Forschungen und Diskussionen sie auflösen werden. Im Gegensatz dazu steht die private Welt, in der wir unserem eigenen Belieben im persönlichen Verhalten und unserer Lebensweise folgen können, vorausgesetzt, es hindert andere nicht an der gleichen Freiheit. Da gibt es keine »richtigen« oder »falschen« Lebensweisen. Für wirklich falsch gehalten wird nur, wenn man die Lebensweise anderer als falsch verurteilt. Auf dem Gebiet persönlicher Werte herrscht Pluralismus.

Die Trennung des Wertes von der Tatsache spiegelt sich wider in der Trennung des privaten vom öffentlichen Leben, und das ist bezeichnend für unsere Kultur. Die Reaktion der christlichen Kirchen — oder wenigstens der protestantischen Kirchen — auf die Herausforderung der Aufklärung war, so werde ich zeigen, die Annahme dieser Unterscheidung und der Rückzug in den privaten Sektor. Das Christentum in seiner protestantischen Form hat die Schlacht um den Einfluß auf das öffentliche Erziehungswesen verloren und ist in seiner Begegnung mit der modernen Wissenschaft stark angeschlagen worden. Deshalb hat es die Abdrängung in den privaten Sektor akzeptiert, wo es dann noch Einfluß auf die Entscheidung für Werte bei denjenigen hat, die das auch so wollen. Dadurch hat es sich einen dauerhaften Platz gesichert, aber auch das Feld preisgegeben, auf dem die Entscheidungen fallen. Als Angebot auf dem privaten Feld, als Vorkämpfer für bestimmte Werte kann das Christentum beträchtliche Erfolge aufweisen. Kirchen können wachsen. Menschen können ermutigt werden, sowie es Plakate zur Zeit General Eisenhowers taten: »join the church of your choice« (mach mit in der Kirche, die dir

„paßt“). Das alles kann passieren. Und doch wird der Anspruch — der ebenso ehrfurchtgebietende wie einladende Anspruch Jesu Christi, allein der Herr der ganzen Welt zu sein, das Licht, in dem allein die Wirklichkeit erscheint, wie sie ist, das Leben, das allein ewig dauert — erfolgreich verschwiegen. Er bleibt für unsere Kultur nur eine unter unterschiedlichen religiösen Erfahrungen.

Vor fast 150 Jahren hat der große englische Staatsmann W. E. Gladstone die feierlichen und prophetischen Worte geschrieben:

> »Rom hat mehr als alle anderen Nationen in meisterlicher Staatskunst verstanden, Religion politisch zu vereinnahmen und hat rückhalt- und skrupellos immer neue Götter und Göttinnen übernommen und so sein militärisches Imperium durch geschickte Mischung aller Religionen der Welt gefestigt.
>
> So hatte es Bestand, solange die Verehrung einer Gottheit im Bereich religiöser Vorstellung oder Praxis verblieb; aber dann ging die Sonne der Gerechtigkeit auf und machte aus all den subjektiven Glaubensformen Wirklichkeit, machte aus dem gemeinsamen Erbe aller Menschen konkrete und handfeste Wahrheit. Damit wurde die Religion des Christus, anders als all die anderen religiösen Neuerscheinungen, zum Objekt staatlicher Eifersucht und grausamer Verfolgung. Denn sie wollte nicht Bestandteil dieses zusammengewürfelten Gebildes sein. Vielmehr gründete sie sich auf Wahrheit und nicht auf den Treibsand von Ansichtssachen ... Sollte der christliche Glaube jemals nur einer unter vielen gleich gearteten Mietlingen einer Regierung werden, dann wäre das der Beweis, daß eine subjektiv gewordene Religion wieder ihren gottgegebenen Einfluß auf die Wirklichkeit verloren hat. Oder wenn unter dem dünnen Deckmantel des christlichen Namens eine Menge unterschiedlicher Systeme einander im wesentlichen gleichgestellt werden und von den milden Gaben des Gesetzgebers abhängig werden, wäre das der Beweis dafür, daß wir uns wieder einmal in einem Übergangszustand befinden — daß wir uns von dort, wohin uns das Evangelium brachte, zurückbewegen dahin, wo es uns vorfand.«[5]

Was Gladstone vorhergesagt hatte, ist im wesentlichen das, was dann in den über 140 Jahren seit seiner Niederschrift eingetreten ist. Das Ergebnis ist nicht, wie wir uns einmal einbildeten, eine säkulare Gesellschaft. Es ist eine heidnische Gesellschaft, und ihr Heidentum, erwachsen aus der Ablehnung des Christentums, ist gegenüber dem Evangelium weitaus resistenter als das vorchristliche Heidentum, mit dem die kulturüberschreitenden Missionen zu tun haben. Hier verläuft mit Sicherheit die missionarische Grenzlinie unserer Zeit, die uns am stärksten herausfordert.

---

5. W.E. Gladstone, The State in its Relation to the Church, I:124-25; quoted in A.R. Vidler, The Orb and the Cross, Seiten 142-43.

2.
Profil einer Kultur

Ein Missionar, der seinen Dienst in einem anderen Land tun will, ist gut beraten, wenn er sich mit dessen Kultur vorher gründlich vertraut macht. Bei meiner Vorbereitung für meine Jahre in Indien verbrachte ich viel Zeit mit dem Versuch, den ganzen Komplex von Vorstellungen und Handlungen zu begreifen, den die westlichen Völker zusammenfassend seit 150 Jahren »Hinduismus« nennen. (Hinduismus ist ein ebenso brauchbares oder unbrauchbares Wort, wie es Europäismus im Munde von Japanern wäre, die darin die ganze Geisteswelt von Pythagoras bis Whitehead erfassen wollten). Es liegt auf der Hand, daß ich indische Religion und Kultur mit den intellektuellen Mitteln eines Europäers unseres Jahrhunderts studierte. Aber mit welchen Mitteln konnte ich meine eigene Kultur studieren? Ein chinesisches Sprichwort sagt: »Brauchst du eine Beschreibung des Wassers, frage niemals einen Fisch.« Inder hatten niemals einen Begriff für »Hinduismus«, bevor die Europäer ihn einführten. Sie sprachen von *dharma*. Es ist schlicht das grundlegende Wesen alles Seins und darum auch die Richtschnur, die unser Leben bestimmen sollte. Bis weit in meine »indischen Jahre« hinein war ich ein naives Musterbeispiel moderner europäischer Kultur. Von Kindesbeinen an hatte ich über Schule und Universität das wirkliche Wesen der Dinge zu entdecken gelernt. Daran konnte ich nun anknüpfen, als ich die Welt des *dharma* unter dem Namen des Hinduismus zu begreifen und zu bewerten begann. Aber wo finde ich den Punkt, von dem aus ich Europäismus studieren kann? Auf der Basis welcher Erkenntnisse kann ich meine eigenen Erkenntnisse vom »wirklichen Wesen der Dinge« bewerten — Erkenntnisse, die doch von früher Jugend an Teil meiner geistigen Prägung sind?

Als junger Missionar war ich noch davon überzeugt, daß meine kritische Bewertung des hinduistischen Glaubens und seiner Handlungen festgegründet war auf Gottes Offenbarung in Christus. Als ich älter wurde, mußte ich feststellen, daß sie stärker von meiner eigenen Kultur geprägt war als ich gemerkt hatte. Und ich hätte gewiß diese kritische Sicht meiner eigenen Kultur nicht ohne die Erfahrung des Lebens in einer anderen, der indischen Kultur gewinnen können. Diesem Kapitel liegt die Annahme zugrunde, daß das Evangelium der Punkt ist, von dem aus jede Kultur bewertet werden kann; aber das Evangelium, so habe ich gezeigt, ist immer in einer bestimmten kulturellen Form dargestellt. Es ist typisch für die Rechtfertigung des Christentums in unserer westlichen Kultur, daß man es in den Begriffen unserer Kultur zu »erklären« versucht. Man will zeigen, daß es »vernünftig« ist im Rahmen dessen, was wir über das Wesen aller Dinge letztlich glauben. Aber was bedeutet denn das Wort *erklären?* Wir akzeptieren etwas als Erklärung, wenn sie aufzeigt, wie bis dahin Unerklärtes in die Welt paßt, so wie wir sie bereits verstehen. „Erklärungen" meint den Verständnisraum, in dem wir zu Hause sind, auf die festen Glaubensstrukturen, die wir nie in Frage stellen, auf unser Bild vom wirklichen Wesen der Dinge. Erklärung stellt das Fremde an eine Stelle, wo es hinpaßt und damit nicht mehr fremd bleibt. Von daher kann man eine psychologische Erklärung für einen politischen Standpunkt geben, oder auch eine politische Erklärung für eine psychologische Theorie. Ob man diese Erklärung annimmt, hängt davon ab, wie man die Wirklichkeit sieht. Was für den einen eine Erklärung ist, muß es für einen anderen noch lange nicht sein. Eine Frage, mit der wir uns in den folgenden Kapiteln immer wieder beschäftigen: Wie können wir als Teil moderner westlicher Kultur mit ihrem Vertrauen auf die Gültigkeit ihrer wissenschaftlichen Methoden davon wegkommen, daß wir das Evangelium mit den Begriffen unserer modernen wissenschaftlichen Weltanschauung erklären, dahin, wo wir unsere moderne wissenschaftliche Weltanschauung aus der Sicht des Evangeliums erklären?

Ein Teil der Antwort liegt im Hören auf das Zeugnis von Christen aus anderen Kulturen. Dazu werde ich mich im letzten Kapitel noch äußern. Aber das kann kaum unser Ausgangspunkt sein. Die Schwierigkeit besteht doch darin, daß die meisten von uns gar nicht auf sie hören können, ehe sie nicht in unserer Sprache zu uns sprechen. Aber diesen Dialog mit uns können nur diejenigen führen, die sich durch die sogenannte moderne wissenschaftliche Bildung in unseren kulturellen Raum begeben haben. Die anderen, mögen sie noch so charmant und noch so gewinnbringend für die Tourismusindustrie sein, kommen als mögliche Dialogpartner nicht in Frage. Sie sind allenfalls darauf bedacht — oft mit großem Eifer — selbst in die sogenannte »Moderne« hineinzuwachsen.

Als Ausgangspunkt hilfreich ist der Blick auf die Entstehung unserer modernen Kultur und besonders auf den entscheidenden Punkt, an dem sie sich ihrer selbst voll bewußt wird. Die diesen Punkt bewußt erlebten, nannten ihn »die Aufklärung«. Das Wort ist an sich schon ein bezeichnender Hinweis auf die Art dieser Erfahrung, aus der die moderne westliche Kultur erwuchs. Es drückt die Freude und die Erregung derer aus, die über einer dunklen Welt den Tag heraufdämmern sahen. Was ihnen vorher verborgen und verwirrend war, konnten sie nun klar erkennen. Was unerklärlich war, wurde erklärt — oder wenigstens als erklärbar gesehen. Das Wort beschreibt eine Bekehrung; doch nicht die Erfahrung eines Einzelnen wie etwa die Erleuchtung des Buddha, sondern eine Bekehrung ganzer Völker. Europa, oder wenigstens die Schar seiner Denker in jenen entscheidenden Jahren, erfuhr eine Art kollektiver Bekehrung. »Wir waren blind, jetzt sehen wir. Der eiserne Griff des Dogmas wurde gelockert. Die Nebel des Aberglaubens lösen sich in der Wärme des heraufdämmernden Tages auf. Nun sehen wir unsere Umwelt, wie sie wirklich ist.« Wenn wir die wesentlichen Elemente dessen, was wir die moderne westliche Kultur nennen, in den Griff bekommen wollen, dann fangen wir am besten an bei dem Gefühl der Freude, die einen erfüllt, wenn Licht in die Welt kommt und die Finsternis vertreibt. Paul Hazard hat diese Erfahrung »die Krise in Europas Bewußtsein« genannt.

Natürlich hatte auch diese Erfahrung, wie alle Bekehrungen, ihre Vorgeschichte. Schon viele Jahrhunderte vorher war sie vorbereitet worden durch Geschehnisse und Ströme des Denkens. Dabei wäre als Ferment für die westliche Welt die Übersetzung arabischer Texte ins Lateinische besonders zu erwähnen, durch die die griechische Wissenschaft und Metaphysik und besonders die Gedankenwelt des Aristoteles, in Kontakt mit der westlichen christlichen Welt kamen. Als Folge davon entstanden die Universitäten, die Flut klassischer Ideen in der Renaissance, die verbissenen theologischen und politischen Kontroversen der Reformation, die Religionskriege und vor allem die neuen Entwicklungen im wissenschaftlichem Denken, die mit den Namen von Bacon, Galilei und Newton verbunden sind sowie die neue philosophische Denkmethode, die mit Descartes begann. Wie immer man die Rollen all dieser Faktoren einschätzen mag, klar ist, daß es etwa um die Mitte des 18. Jahrhunderts eine grundlegende und weit verbreitete Übereinstimmung unter den denkenden Menschen in Mitteleuropa gab, daß ein neues Zeitalter angebrochen und sein eigentliches Wesen die »Aufklärung« sei. Man war in der Tat der Überzeugung, die Europäer hätten nun das Geheimnis des Wissens und damit das Geheimnis der Herrschaft über die Welt entdeckt.

Was waren die wesentlichen Elemente in dieser neuen Sicht der Dinge? Zentral und fundamental war die Anschauung, daß die Wirklichkeit durch die Wissenschaft und vor allem durch das Werk Isaac Newtons entdeckt werden konnte. Die alten griechischen Gelehrten hatten noch mit der Vorstellung gearbeitet, daß Wechsel und Bewegung in der Welt der Natur von ihrer Bestimmung her erklärt werden könnten. Mittelalterliches Denken sah göttliches Walten überall in der Welt der Natur erwiesen. Die Offenbarung dieses Waltens war in den Ereignissen greifbar, die die Kirche in ihren Glaubensbekenntnissen nannte. Von daher hatte alle Erforschung der Natur ihren Raum innerhalb des Rahmens gehabt, der von Glaubensbekenntnissen umschrieben wurde. Bedingung für die Aufnahme in die Welt der Gelehrten war das Einverständnis mit diese Vorgabe.

Als Ergebnis der Arbeit dieser neuen Wissenschaftler, vor allem der großartigen Vision Newtons, wurde dieser Erklärungsrahmen durch einen anderen ersetzt. Die wirkliche Welt, so wie sie sich der Arbeit der Wissenschaft erschloß, war nicht die Welt, die durch göttliches Walten regiert wurde, sondern durch natürliche Gesetze von Ursache und Wirkung. Für Teleologie war in den Naturwissenschaften oder der Astronomie kein Platz. Alles, was sich in der sichtbaren Welt bewegte oder veränderte, konnte man ohne Bezug auf göttliches Walten in Begriffen von Ursache und Wirkung erklären. Das Kreisen der Planeten brachte nicht mehr die Vollkommenheit göttlichen Willens zum Ausdruck, sondern die überall gleiche Wirksamkeit der Gesetze von Trägheit und Gravitation. Wissenschaftliche Methoden feierten immer größere theoretische und praktische Triumphe. Das alte Bild vom Wesen der Dinge, hergeleitet von der Bibel und beispielsweise in den mittelalterlichen Mysterienspielen anschaulich dargestellt, wurde nun durch ein völlig anderes ersetzt. Die wirkliche Welt war im Unterschied zur Welt des Augenscheins eine Welt der Materie. Die Bestandteile waren groß wie die Sonne oder klein wie ein Atom. Sie bewegten sich unaufhörlich nach unwandelbaren und mathematisch festen Gesetzen in einem festgefügten und unendlichen Raum durch eine Zeit, die sich mit unveränderter Geschwindigkeit aus einer unendlichen Vergangenheit in eine unendliche Zukunft bewegen. Alle Ursachen sind daher auf die Wirkungen zu beziehen, die sie hervorbringen. Und alle Dinge können im Prinzip hinreichend von den Ursachen her erklärt werden, die sie bewirken. Findet man die Ursache, dann hat man die Sache erklärt. Dafür braucht man eine Bestimmung oder eine Vorsehung nicht mehr heranzuziehen. Für Wunder oder göttliches Eingreifen als Erklärungskategorien ist kein Platz. Man kann sich Gott vorstellen, wie im Deismus des 18. Jahrhunderts, als den letzten Urheber aller Dinge. Aber man muß einen Autor ja nicht persönlich kennen, um in seinem Buch lesen zu können. Die Natur — die Summe alles Seienden — ist das wirklich Reale. Und der Wissenschaftler ist der Priester, der uns die Geheimnisse der Natur erschließen und die praktische Herrschaft über ihr Wirken in die Hand nehmen kann.

So verstanden wirkt Wissenschaft nicht durch Ableitung von einer Offenbarung oder von Grundprinzipien. Sie wirkt durch Beobachten der Phänomene und der Schlußfolgerung aus dem Beobachtungsergebnis. Aber sie bewertet die Phänomene nicht einfach nach ihrem äußeren Anschein. Sie gebraucht die Instrumente der Analyse, um zu zerlegen, zu sortieren und dann jedes der Elemente, die ein Phänomen ausmachen, zu beobachten. Dieser Prozeß der Analyse hat grundsätzlich keine Grenzen. Denn wo immer man eine letzte Einheit entdeckt zu haben glaubt, ist das nur Herausforderung zu weiterer Analyse. Der Analyse folgt die Rekonstruktion, und dafür bietet die Mathematik geeignete Instrumente. Die Mathematik kann jede Wirklichkeit in unterschiedlichen Größen erfassen und dann in relativ verständlichen Strukturen ordnen. Was das 18. Jahrhundert als »den geometrischen Geist« feierte, kann daher auf alle Arten menschlichen Wissens angewandt werden.

Die Denker der Aufklärung nannten ihr Zeitalter das der Vernunft, und mit Vernunft meinten sie eigentlich die analytischen und mathematischen Fähigkeiten, mit denen Menschen (wenigstens im Prinzip) völliges Verständnis und deshalb auch eine volle Beherrschung der Natur — der Wirklichkeit in all ihren Formen — erreichen konnten. So verstanden ist die Vernunft die oberste Herrscherin in diesem Reich. Sie kann sich nicht beugen vor irgendeiner anderen Autorität als vor den sogenannten Tatsachen. Keine angenommene göttliche Offenbarung, keine noch so alte Tradition und kein noch so heiliges Dogma dürfen gegen den Gebrauch der Vernunft ein Veto einlegen. Immanuel Kant hat als Antwort auf die Frage, was Aufklärung sei, die berühmte Formel »wissen wagen« gebraucht. Das 18. Jahrhundert hat sich dieser Aufgabe gestellt, und von da an bis in die Gegenwart ist trotz mancher Wandlungen in der Philosophie der Wissenschaft dieser Begriff Kants die zentrale Schubkraft unserer Kultur geblieben.

Gefordert ist jetzt das vernunftbegabte Individuum. Dabei ist vorausgesetzt, daß der einzelne Mensch die Möglichkeit und deshalb das Recht hat, seine Vernunft im Suchen nach der Wirklichkeit zu gebrauchen. Dieses Recht ist aber nur dann anwendbar, wenn auch andere Rechte anerkannt werden. Dabei geht es um das Recht auf Privateigentum, weil jede Form von Eigentum — und sei es nur der eigene Leib und Nahrung und Schutz zu seiner Erhaltung — die Voraussetzung jeder menschlichen Tätigkeit ist. So wie kein angenommenes Dogma dem Recht auf Wissen im Wege stehen kann, so kann auch keine angebliche Autorität das Recht auf Leben, Freiheit und Eigentum bestreiten. Das neue Konzept der »Menschenrechte« wird zum Zentrum der Szene. Im Mittelalter wurde die Gesellschaft durch ein kompliziertes Netz gegenseitiger Rechte und Pflichten zusammengehalten. Für ein Verständnis von »Menschenrechten« gab es eigentlich keine Grundlage, sieht man einmal von dem vorhandenen Geflecht dieser gegenseitigen Pflichten und Rechte ab. Tatsächlich (so Alasdair MacIntyre) hätte die Idee der Menschenrechte in keiner der klassischen oder mittelalterlichen Sprachen Hebräisch, Griechisch, Lateinisch oder Arabisch ausgedrückt werden können.[1] Die Idee wäre unbegreiflich gewesen.

In seinen frühesten Formen bezog sich der Begriff der Menschenrechte auf Leben, Freiheit und Eigentum.[2] Die berühmteste und folgenreichste Feststellung der Menschenrechte hat sie jedoch — nämlich in der Verfassung der USA — als das »Recht auf Leben, Freiheit und das Streben nach Glück« definiert. Man darf wohl annehmen, daß es hier ursprünglich heißen sollte »gemeinsames Wohlergehen«. Damit ist das Glück gemeint, das aus gemeinsamer Verantwortung freier Männer und Frauen für die gemeinschaftlichen Angelegenheiten herrührt. Praktisch jedoch betrachtete man das Streben nach Glück ohne diese Definition als Recht für jeden einzelnen Menschen.

---

1. Alasdair MacIntyre, After Virtue, S.123.
2. Hannah Arendt, Über die Revolution.

Glück ist natürlich ein Wort mit vielen Bedeutungen. Die Frage »Was ist wahres Glück?« kann schließlich nur nach der Antwort auf eine andere Frage beantwortet werden: »Was ist die Bestimmung des Menschen?« Aber das Zeitalter der Vernunft hatte Teleologie aus seiner Art des Weltverständnisses gestrichen, und so erhielt »Glück« nur die Definition, die jeder Mensch für sich geben wollte. Jeder Mensch hat das Recht, nicht nur nach Glück zu streben, sondern es auch nach seinen Vorstellungen zu definieren. Darüber hinaus gibt es noch ein Element des Pathos in dieser Idee des Rechtes auf Streben nach Glück. Die Menschen des Mittelalters glaubten mit tiefem Ernst, daß endgültiges Glück nur jenseits des Todes liege. Sie erwarteten es in seiner Fülle nicht auf dieser Erde. Aber die Methoden moderner Wissenschaft liefern keinen Anhaltspunkt dafür, daß man an irgendetwas nach dem Tode glauben könne. Darum muß man den ganzen Umfang menschlichen Glücks in den wenigen kurzen und ungewissen Jahren erreichen, die uns vor dem endgültigen Ende durch den Tod beschert sind. Umso hektischer wird das Verlangen nach Glück, angstbeladener als es die Menschen des Mittelalters je kannten.

Mit dem Aufkommen des Begriffes der Menschenrechte ist noch eine weitere Konsequenz verbunden. Wie bereits erwähnt, wäre dieser Begriff in früheren Zeiten bedeutungslos gewesen wäre. »Rechte« gibt es nur dort, wo sie durch rechtliche und gesellschaftliche Strukturen definiert werden können. Natürlich kann man, auch abgesehen von solchen rechtlichen oder gesellschaftlichen Strukturen, ein Bedürfnis anmelden oder einen Wunsch zum Ausdruck bringen. Aber ein Anspruch auf ein Recht kann nur auf einer Rechtsbasis erhoben werden. Ohne eine solche Basis ein Recht einzuklagen, wäre wie das Ausstellen eines Schecks auf eine Bank, die es nicht gibt. Wo man also das Recht jedes Menschen auf Leben, Freiheit und das Streben nach Glück geltend macht, muß man deshalb fragen »Bei wem ist dieser Anspruch einzuklagen?« Im Mittelalter war das klar: innerhalb jener Verflechtung gegenseitiger Rechte und Pflichten. Ein Bauer hatte die Pflicht, auch als Soldat für die Feldzüge seines Landesherrn zur Verfügung zu stehen, aber er hatte auch das entsprechende Recht auf den Schutz dieses Herrn. Pflichten und Rechte beruhten auf Gegenseitigkeit. Keiner konnte ohne den anderen existieren, und alles hatte seine Grenzen. Aber das Verlangen nach Glück ist unbegrenzt. Wer also hat die niemals endende Pflicht, den niemals endenden Anspruch jedes Menschen auf das Streben nach Glück zu erfüllen? Die Antwort des 18. Jahrhunderts und der folgenden Jahrhunderte ist bekannt: es ist der Nationalstaat. Der Nationalstaat tritt an die Stelle der heiligen Kirche und des heiligen Reiches als die zentrale Größe in der Gesellschaftsordnung der Zeit nach der Aufklärung. Auf ihm ruht nun die Pflicht, die Menschen mit allem zu versorgen, was sie für Leben, Freiheit und das Streben nach Glück brauchen. Und da das Streben nach Glück endlos ist, sind auch die Erwartungen an den Staat grenzenlos. Wenn für die heutigen westlichen Völker die Natur als letzte Wirklichkeit, mit der wir zu tun haben, an die Stelle Gottes eingetreten ist, so hat der Nationalstaat insofern die Stelle Gottes eingenommen, als wir in ihm die Quelle sehen, von der wir unser Glück, unsere Gesundheit und unser Wohlergehen erwarten.

Noch ein weiteres Element muß beachtet werden, wenn wir die Erfahrung richtig würdigen, die unsere moderne westliche Welt zum Umdenken gebracht hat: ihre Eschatologie. Der mittelalterliche Christ war durch die Bibel gelehrt, die Wiederkunft Christi als das Ende aller Geschichte zu sehen, das Gericht über die Lebenden und Toten, und die Heilige Stadt, in der alles, was im öffentlichen und privaten Leben der Völker rein und wahr ist, zu ewiger Vollkommenheit gelangt. Solch eine Vision vom Ende der Geschichte ist natürlich ein wesentlicher Teil teleologischer Sicht von Schöpfung und Geschichte, in deren Zentrum Wille und Bestimmung (purpose) Gottes stehen. Das 18. Jahrhundert verlagerte die Heilige Stadt aus einer jenseitigen Welt ins Diesseits. Sie wird nicht länger als Gabe Gottes vom Himmel betrachtet; sie wird gesehen als der endgültige Triumph von Wissen und Können der aufgeklärten Völker der Erde. Das 18.Jahrhundert erlebte das Entstehen der Lehre vom Fortschritt, die — mit verhängnisvollen Konsequenzen — bis ins 20. Jahrhundert überlebte. Die Emanzipation des menschlichen Geistes vom Druck des Dogmas, der Tradition und des Aberglaubens und der zielgerichtete (purposeful) Gebrauch der jetzt freigesetzten Mächte menschlicher Vernunft sollten so zu einem wachsenden Verstehen und zu einer wachsenden Überlegenheit führen, so daß alle bösen Mächte, die die Menschen noch versklaven, überwunden werden.

Hat diese Erwartung noch entscheidend zu der Hochstimmung beigetragen, die die Pioniere der Aufklärung beflügelte, so waren ihre Langzeitwirkungen doch verhängnisvoll, besonders wenn man sie mit den Erwartungen verband, die sich auf den Nationalstaat richteten. Wenn man alle Hoffnung in eine Zukunft investiert, die die jetzt lebende Generation nicht mehr erleben wird, und wenn der Nationalstaat zum Garant von »Rechten« gemacht wird, die grundsätzlich grenzenlos sind, dann ist der Weg für die totalitären Ideologien geöffnet, die die Macht des Staates nutzen, um die Rechte der Lebenden aufzuheben zugunsten eines vermeintlichen Glücks der noch Ungeborenen. Und auch wenn diese extreme Entwicklung nicht eintritt, die Investition aller Hoffnung in eine irdische Zukunft heißt immer, daß die Stellung von Jungen und Alten zueinander umgekehrt werden. Die Jungen werden Symbole der Hoffnung, die Alten hingegen können weder Subjekt noch Objekt von Hoffnung sein, sondern nur eine zunehmend lästiger werdende Behinderung. Die Weitergabe überlieferter Weisheit in den Familien von den Alten zu den Jungen wird ersetzt durch staatliche Bildungssysteme, die die Jugend auf die geplante Zukunft hin prägen sollen.

Ich habe in groben Umrissen versucht, die Geistesbewegung zu skizzieren, die das Entstehen der modernen westlichen Kultur kennzeichnet. Ich habe das so getan, als ob alles im Bereich reiner Ideen begonnen hätte. Das wäre natürlich eine törichte Annahme. Ideen entwickeln sich im Kontext gelebten Lebens — politisch und privat. Ohne einseitige Festlegung, sei es auf die Ansicht, daß Ideen primär und ihre politischen und gesellschaftlichen Auswirkungen sekundär sind, oder auf die Ansicht, daß Ideen ausschließlich Nebenprodukte gesellschaftlicher Prozesse seien, kann man davon ausgehen, daß es hier wechselseitige Beziehungen gibt. Eigentlich kann man nicht eine von beiden betrachten, ohne beide in den Blick zu bekommen. Ich habe kurz Bezug genommen auf die Entstehung des Nationalstaates als einen der maßgebenden Faktoren für den Aufstieg der nachaufklärerischen westlichen Welt und auch auf das neue Verständnis von Bildung als einer Aufgabe des Staates. Und was wir schlicht als moderne westliche Kultur bezeichnen, ist viel mehr als nur eine Gesamtheit von Ideen. Es ist die ganze Art der Gestaltung menschlichen Lebens, die einerseits auf den Ideen beruht, die ich beschrieben habe, und umgekehrt diese Ideen auch fördert und in Geltung setzt.

So wird sich zum Beispiel analytischer und mathematischer Sachverstand nicht auf Physik oder Astronomie beschränken wollen; er muß seine Wirksamkeit auch ausdehnen auf menschliches Verhalten, Arbeit und Gesellschaft. Die Arbeit des herkömmlichen Handwerkers, die den ganzen Prozeß vom Rohmaterial bis zum fertigen Produkt umfaßt, wird in ihre kleinsten Teilchen zerlegt und dann in einzelne Arbeitsgänge aufgeteilt, von denen jeder dann einem anderen Arbeiter aufgegeben wird. Durch diese Aufteilung der Arbeit ist es möglich, die Menge der gefertigten Artikel enorm zu erhöhen, aber der einzelne Arbeiter hat nicht mehr direkt das Endprodukt vor Augen, von dem her der ganze Arbeitsprozeß bestimmt ist. Seine Arbeit wird immer mehr der Maschine mit ihren sich ständig wiederholenden Arbeitsvorgängen angepaßt, anders als die zielgerichtete Arbeit des Handwerkers, der bei allen seinen Handgriffen immer das fertige Endprodukt vor Augen hat. Handwerkliches Können wird ersetzt durch mechanische Arbeit, und menschliche Arbeit wird dem Muster des Newton'schen Universums angepaßt, in dem für Teleologie kein Platz ist. Der einzelne Arbeiter weiß beispielsweise nicht mehr, ob er letztendlich für einen Familienwagen oder für ein Kampfflugzeug arbeitet.

In ihrer gründlichen Studie »The Human Condition« (deutscher Titel: Vita Activa) teilt Hannah Arendt menschliche Aktivität ein in Arbeiten (labor), Herstellen (work) und Handeln (action). Arbeit ist »die Tätigkeit, die zum biologischen Prozeß des menschlichen Körpers paßt«; sie ist »des Menschen Stoffwechsel mit der Natur« (Marx). Sie ist der typische Prozeß, der endlos wiederholt werden muß, wenn das Leben weitergeht. Sie hinterläßt nichts Bleibendes. Herstellen hingegen ist die Tätigkeit, die den ausschließlich biologischen Charakter menschlicher Existenz transzendiert. Es möchte etwas schaffen, das auch nach dem Tode des Schaffenden Bestand hat — ein Kunstwerk, ein Gedicht, eine Rechtsordnung. Herstellen schafft eine Welt, die den Einzelnen überdauert. Handeln dagegen ist die Tätigkeit, die den Umgang von Menschen miteinander bestimmt. Es beruht darauf, daß sich die Menschen voneinander unterscheiden, und sie findet Ausdruck im gemeinsamen Leben einer Gesellschaft.[3] Die Auswirkung der nachaufklärerischen Vorstellung von einer menschlichen Gesellschaft ist ein völliges Aufgehen aller menschlichen Aktivität in die Arbeit. Es entsteht eine endlose Spirale von Produktion und Konsum. Das wird deutlich am modernen Begriff der »berechneten Abnutzung«. Die Spirale von Produktion und Konsum muß in Gang gehalten werden, und das Wirken eines Künstlers oder Handwerkers, der etwas Dauerndes schaffen möchte, kommt in der Wirtschaftsordnung nur noch am Rande vor. Ebenso wird der Bereich des Handelns, die Politik, reduziert auf einen Konflikt unterschiedlicher Auffassungen, wie man die Spirale von Produktion und Konsum in Gang halten kann. Fragen nach einer letzten Bestimmung werden aus der öffentlichen Erörterung ausgeklammert.

Eine weitere Konsequenz der Aufteilung der Arbeit ist das Wachsen einer Marktwirtschaft. In früheren Zeiten, aber auch in den heutigen prämodernen Gesellschaftsordnungen, dienen Landwirtschaft und die verschiedenen handwerklichen Tätigkeiten hauptsächlich der Familie oder der örtlichen Gemeinde. Der Markt, auf dem Geld als Tauschmittel benutzt wurde, war nur ein kleiner und nebensächlicher Teil der Wirtschaft. Als aber das Prinzip der Arbeitsteilung an Einfluß gewann, rückte der Markt ins Zentrum als der Mechanismus, der alle einzelnen Vorgänge miteinander und mit den Verbrauchern verband. Die moderne Wirtschaftswissenschaft war geboren. Wieder einmal wurde Teleologie ausgeklammert, denn das Wirtschaftsleben war nicht mehr ein Teil der Ethik. Es befaßte sich nicht mit der Sinngebung menschlichen Lebens, es hatte nichts mehr zu tun mit den Erfordernissen der Gerechtigkeit und den Gefahren der Begehrlichkeit. Es wurde zur Wissenschaft vom Funktionieren des Marktes als eines selbstwirkenden Mechanismus nach dem Modell des Newton'schen Universums. Der Unterschied bestand darin, daß das Grundgesetz für die Marktbewegungen, das dem Gravitationsgesetz bei Newton entspricht, das Gesetz des Begehrens ist, das als Urtrieb der menschlichen Natur angenommen wurde. Was nicht auf dem Markt erscheint, kann ignoriert werden. Das Bruttosozialprodukt bezieht sich nur auf das, was auf dem Markt vorkommt. Es schließt die Arbeit der Hausfrau ebenso aus wie die des Landwirts, der sich selbst versorgt. Aber es erfaßt die Glücksspielbranche, die Waffen- und die Drogenhändler.

Daraus ergeben sich zwei weitere Konsequenzen. Die eine ist die Verlagerung der Arbeit aus dem Haus in die Fabrik mit ungeheuren Konsequenzen

3. Hannah Arendt, Vita Activa (S. 14).

für das Wesen der Gesellschaft. Arbeitsplatz ist nicht mehr das Haus, und die Familie ist nicht mehr die Arbeitseinheit. Der Weg ist offen für einen tiefen Riß zwischen der öffentlichen Welt von Arbeit, Tausch, Wirtschaft und der privaten Welt, die nun distanziert wird von der Arbeitswelt und unter einer anderen Sicht vom Wesen der Dinge bleibt. In der öffentlichen Welt sind die Arbeiter einer Fabrik miteinander anonym verbunden als Einheiten in einem mechanischen Prozeß. Sie sind austauschbare Teile. Vielleicht kennen sie sich nicht einmal mit Namen. Zu Hause jedoch kennt man sich als unersetzliche Personen, und ihre gegenseitige Verständigung als Personen begründet das Zuhause. Darüber hinaus waren es (wenigstens während der ersten 150 Jahre der industriellen Revolution) die Männer, die die öffentliche Welt der Fabrik und des Marktes in der Hand hatten, und die Frauen waren auf den privaten Sektor beschränkt. Der Riß durch die Gesellschaft trennte auch die Geschlechter. Der Mann hatte mit den Fakten des öffentlichen Lebens, die Frau mit den Werten des persönlichen Lebens zu tun. Der Mann war Erzeuger, die Frau Verbraucher (obwohl sie tatsächlich zu Hause so lang und so schwer zu arbeiten hatte wie ihr Mann im Büro oder in der Fabrik). Der heutige Feminismus, der für moderne — im Unterschied zu traditionellen — Gesellschaften kennzeichnend ist, ist ein Teil des Aufstands der Frauen gegen diese Fehlentwicklungen.

Eine zweite Konsequenz der Mechanisierung der Arbeit war das Wachstum der Großstädte. Urbanisierung ist eine der auffälligsten sichtbaren Symptome der sogenannten Moderne. Vor der Nutzbarmachung elektrischer Kraft und der neuerlichen Entwicklung in der Elektronik erzwangen die Aufteilung und die Mechanisierung der Arbeit die Konzentration der Arbeiter in Fabriken, und der Fabriken in Städten, wo die Waren sehr leicht von einer Produktionsstufe zur nächsten gebracht werden konnten. Verstädterung zerbricht die herkömmlichen familienorientierten Bindungen. Sie führt die Menschen in eine Vielzahl gegenseitiger menschlicher Beziehungen, bestimmt von unterschiedlichen Zielsetzungen. In traditionellen ländlichen Gesellschaften ist jede Person sicher eingebunden in ein einziges menschliches Milieu, das Arbeit, Freizeit, Familienbindung und Religion umfaßt. Sie sind Bestandteile einer bekannten Welt, die man als Wirklichkeit akzeptiert und in der der Einzelne eine sichere und genau festgelegte Identität besitzt. In einer Stadt befindet sich der Einzelne inmitten vielfacher Möglichkeiten. Seine Nachbarn — vielleicht in einem Hochhaus — haben ihre Arbeit wohl in unterschiedlichen Bezirken der Stadt und man hat zu ihnen keine zwangsläufige Beziehung. Jeder hat die Wahl zwischen vielen möglichen Beziehungen, in die er nach Belieben eintreten oder nicht eintreten kann; man lebt inmitten einer Vielfalt von Welten, unter denen man wählen kann. Und so sehr die Identität bestimmt ist von der eigenen Entscheidung, so sehr ist sie es auch von Angst und Zweifel. In der wogenden Menge der Stadt, in der die vielen Einzelnen alle nach ihrer eigenen Bestimmung suchen, steigert sich das Gefühl des Einzelnen, in einer Welt ohne Orientierung zu leben — manchmal bis zum Punkt der Verzweiflung.

Die Aufteilung und Mechanisierung der Arbeit, die Entwicklung einer Marktwirtschaft, die Trennung zwischen privatem und öffentlichem Leben und das Wachstum der großen Städte — dies alles sind bestimmende Kennzeichen moderner Kultur, die man in den prämodernen Kulturen Asiens und Afrikas nicht findet, soweit diese Kulturen sich nicht schon der »Modernisierung« unterworfen haben. Die neue Sicht des Menschen, auf den diese Kennzeichen gründen und die sie umgekehrt verstärken, kennzeichnet das Entstehen der modernen Welt in der Aufklärung. Dieser groben Skizze der bekannten Aspekte unserer Kultur muß noch ein weiterer Strich hinzugefügt werden. Vielen Beobachtern ist aufgefallen, daß die Bürokratisierung in modernen Gesellschaften eine zentrale Rolle spielt. Die Aufteilung von Arbeit und die konsequente Pluralisierung und Verkomplizierung der Gesellschaft erfordern die Entwicklung von Methoden einer weitgehenden Beherrschung. Das Beamtentum bietet sich als Modell für diese Aufgabe automatisch an, es kann einen Apparat anbieten, in dem es ein hohes Maß von Arbeitsteilung, Spezialisierung, Vorhersehbarkeit und Anonymität gibt. Es gehört zum Wesen des Beamtentums, daß es den Anspruch auf eine gewisse Gerechtigkeit erhebt, mit der es jeden Einzelnen als anonyme und auswechselbare Größe behandelt. Wo persönliche Beziehungen, wie sie das private Leben zu Hause bestimmen, in amtliche Verfahren eingebracht werden, ist das — nach dem Selbstverständnis des Beamtentums — Korruption und Nepotismus. Beamtung bietet sich als Vernunftprinzip an, wie es in der Aufklärung für das menschliche Leben im öffentlichen Bereich verstanden wurde: die Zerlegung jeder Situation in die kleinstmöglichen Bestandteile und das Zusammensetzen dieser Elemente in Form von logischen Beziehungen, die sich vorzüglich in mathematischen Formeln ausdrücken lassen und von einem Computer verarbeitet werden können. In seiner äußersten Weiterentwicklung ist das Beamtenwesen die Herrschaft eines Niemand und wird deshalb als Tyrannei erfahren. Sucht man, menschliches Verhalten nach den Mustern zu deuten, die man von den Naturwissenschaften herleitet, zerstört man letztendlich persönliche Verantwortlichkeit. Handeln — in dem Sinn, in dem Hannah Arendt das Wort gebraucht — ist zusammen mit dem Herstellen von der Arbeit aufgesogen. Es wird Teil der Spirale von Produktion und Konsum. War das Wachstum der Großstädte in den frühen Jahrzehnten der modernen Zeit hauptsächlich auf das Wachstum der Fabriken und ihre energiegestützte Mechanisierung zurückzuführen, so muß man das derzeitige Wachstum der Städte in weit größerem Maße der Verbeamtung zuschreiben. Das typische neue Gebäude in einer modernen Stadt ist ein Bürogebäude.

Mit wenigen Strichen habe ich zu zeichnen versucht, was ich für die wesentlichen Merkmale unserer Kultur halte. Dabei habe ich zunächst ins Auge gefaßt, wie die Denker der Aufklärung ihre neue Art des Weltverständnisses zum Ausdruck brachten. Danach habe ich beschrieben, wie dieses Verständnis im Leben der modernen westlichen Gesellschaft konkreten Ausdruck gefunden hat. Durch diese Reihenfolge, das wiederhole ich, möchte ich nicht eine einlinige Ursache-Wirkung-Beziehung zwischen Ideen einerseits und gesellschaftlichen und industriellen Realitäten andererseits andeuten. Hannah Arendt hat bereits darauf hingewiesen, daß die Erfindung des Teleskops zu den grundlegenden Ursachen für das Entstehen des modernen Geistes zu rechnen ist, weil es zeigte, daß die Welt anders ist als sie scheint, und daher direkt zum Cartesianischen Zweifel und zu dem Versuch führte, alle Gewißheit aufgrund von Erfahrung zu finden, die das bewußte Selbst im eigenen Denkprozeß macht.[4] Man kann also folgern, daß eine der mächtigsten Quellen des neuen Denkens der Aufklärung die Öffnung neuer Horizonte und die Entdeckung neuer Kulturen durch die weiten Reisen des 16. und der folgenden Jahrhunderte war; denn auch sie wurden ermöglicht durch verbesserte Navigationsinstrumente. Und gewiß haben sich einerseits das Wachstum von Fabriken, Städten sowie der Marktwirtschaft und andererseits das allgemeine Verständnis vom menschlichen Leben gegenseitig beeinflußt. Aber wir liegen sicher nicht falsch, wenn wir die Preisgabe der Teleologie, wie sie zum Schlüssel für das Verständnis der Natur wurde, als wichtigsten Anhaltspunkt zum Verständnis all dieser ungeheuren Umwälzungen im menschlichen Leben annehmen. Im folgenden möchte ich ausführen, daß man als Hintergründe für die entscheidenden Grundzüge unserer Kultur einerseits die Trennung menschlichen Lebens in öffentlich und privat und andererseits die Trennung von Tatsachen und Werten bezeichnen kann.

Betrachten wir zunächst den wesentlichen Faktor, die Ausschaltung der Teleologie. Man kann menschliches Verhalten kaum beschreiben, ohne die Kategorie der Bestimmung zu gebrauchen. Man kann natürlich die Tätigkeit eines Lehrers etwa so beschreiben, daß es eine Beziehung von Ursache und Wirkung gibt zwischen elektrischen Impulsen in der Großhirnrinde, chemischer Umsetzung in den Muskeln und Schallwellen in dem betreffenden Raum, aber kein intelligenter Mensch würde diese sonst vielleicht ausreichende Erklärung als angemessene Beschreibung des wirklichen Geschehens akzeptieren. Eine Erklärung müßte das Ziel zum Ausdruck bringen, wozu der Redner seine Sicht der Dinge den Hörern mitteilen möchte. Übertragen wir menschliches Verhalten ganz allgemein auf die Biologie, dann wird man zwar das Verhalten eines Tieres natürlich auch als zielgerichtet oder zweckbestimmt erklären können, aber einiges daran ist sicherlich auch ohne diese Kategorie einleuchtend und verständlich zu machen. Gehen wir nun weiter zur Chemie, Physik und Astronomie, dann ist es mindestens für den modernen westlichen

4. ebenda, S. 267f.

Geist einsichtig, daß eine Erklärung nach dem Schema von Ursache und Wirkung ohne Berücksichtigung der Teleologie erfolgen muß. Die alten Griechen, so sahen wir, haben Bestimmung als Kategorie durchaus gekannt, wenn sie in der Physik nach Erklärungen suchten. Jede Art von Bewegung war nur dann erklärlich, wenn sie zielgerichtet war — eine Bewegung vom weniger Guten zum Guten. Moderne Wissenschaft würde das als Holzweg bezeichnen. Der Durchbruch im Denken des 16. und 17. Jahrhunderts, der zur modernen Naturwissenschaft führte, wäre undenkbar gewesen, hätte man nicht die Idee einer Bestimmung aus der physikalischen und astronomischen Forschung systematisch eliminiert. Die daraus folgenden Errungenschaften führten (jedenfalls im Denken vieler Menschen) zu der Konsequenz, daß diese systematische Eliminierung zu der Annahme führen darf, die Kategorie der Bestimmung habe nichts zu suchen bei allem, was den Anspruch erhebt, »wissenschaftlich« zu sein. Daher werden Erklärungen für alles und jedes, menschliches und tierisches Verhalten eingeschlossen, ohne Bezug auf seine Bestimmung gesucht. Das Ergebnis kennen wir — es entstand eine geistige Welt, in der alles letztlich erklärt werden kann als Wirkung vorhergehender Ursachen und in der alles mit der Präzision und mit der Vorhersehbarkeit der Newton'schen Atome funktioniert. In dieser Welt wird kein vorheriges Wissen als sicher gegen jeden Zweifel betrachtet, wenn es diesem Denkmuster nicht entspricht.

Und doch bleibt Bestimmung ein unausweichliches Element im menschlichen Leben. Menschen setzen nun einmal Ziele und machen sich auf, sie zu erreichen. Die ungeheuren Errungenschaften moderner Wissenschaft sind selbst ganz offensichtlich das Ergebnis zielgerichteter Bemühungen hunderter und tausender von Menschen, die etwas erreichen wollten, was für sie wertvoll ist — ein wahres Verständnis vom Wesen der Dinge. Und doch zieht sich ein seltsamer Riß durch das Bewußtsein des modernen westlichen Menschen. Das Ideal, das er sucht, würde alle Ideale auslöschen. Mit Eifer und Hingabe zielt er darauf, die Welt so zu erklären, als sei sie ohne Ziel, und dieser Riß wird in doppelter Weise sichtbar: in der Unterscheidung (eine der besonderen Kennzeichen einer »modernen« Gesellschaft) zwischen der öffentlichen und der privaten Welt, und in der gedanklichen Unterscheidung der sogenannten »Tatsachen« und der sogenannten »Werte«. Die öffentliche Welt ist eine Welt der Tatsachen, die für jeden gleich ist, was immer man für seine Werte halten mag; die private Welt ist eine Welt von Werten, wo jeder seine eigenen Werte bestimmen kann und deswegen sein Handeln so zu gestalten sucht, daß es mit den Werten übereinstimmt.

Im intellektuellen Bereich zeigt sich dieser Riß in der Suche nach »wertfreien« Fakten, und nach einer Lehre vom menschlichen Verhalten, das »objektiv« sein soll, in dem Sinne, daß keine Werturteile bei ihrer Arbeitsweise eine Rolle spielen sollen. Die Sprache muß »geläutert« sein, so daß auch nicht der geringste Verdacht auf eine Bestimmung aufkommen kann, wenn man eine »wissenschaftliche« Theorie über die Funktion von Gesellschaft erreichen will. Diese Art angeblich wissenschaftlicher Soziologie ist soweit von der Erfahrung wirklichen Lebens entfernt, daß sie in einer künftigen Gesellschaft allenfalls noch eine Nebenbedeutung haben kann. Aber das Ideal, das sie verkörpert — ein Ideal, das man paradoxerweise so definieren kann, daß das einzig wirklich Wertvolle wertfreie Fakten sind — hat im öffentlichen Leben moderner Gesellschaft eine außerordentliche Macht.

Denker der Aufklärung stellten die Frage, wie man denn logisch von der Feststellung einer Tatsache (»das ist so«) zur Beurteilung eines Wertes (»das sollte anerkannt oder getan werden«) kommen könne. Weil es — im Sinne des nachaufklärerischen Denkens — logischerweise keinen gangbaren Weg vom »ist« zum »soll« geben kann, hat es in den vergangenen 250 Jahren ungezählte Versuche gegeben, andere Grundlagen für Sitte und Moral zu finden. Alasdair MacIntyre hat diese Versuche beschrieben und gezeigt, wie in jedem Falle die moralischen Urteile, für die man eine Basis suchte, tatsächlich Überbleibsel aus der voraufklärerischen Gedankenwelt waren.[5] Es wundert nicht, daß der Versuch mißlang. Es war ein Versuch, traditionelle Sitte und Moral auf eine neue und andere Sicht von Wirklichkeit zu gründen. Kein Sittengesetz von universeller Geltung wird man auf die Fakten-Weltanschauung gründen können, die die nachaufklärerische Wissenschaft die Menschen zu glauben lehrte. Wenn die Welt so ist wie die nachaufklärerische Gedankenwelt sie verstand, dann kann man logischerweise keine Brücke finden von einer Behauptung in der Form »das ist der Fall« zu einer Behauptung in der Form »das sollte man tun«.

Doch MacIntyre zeigt dann, daß die Ansicht, ein Satz mit dem Verbum »soll« könne logischerweise nicht von einem Satz mit dem Verbum »ist« hergeleitet werden, auf der Annahme beruht, Tatsachenbehauptungen könnten keine Zweckangabe enthalten.[6] Von der Feststellung: »Diese Uhr geht in zwei Jahren nur fünf Sekunden nach«, darf man wohl zu dem Werturteil kommen: »Das ist eine gute Uhr«; vorausgesetzt — und nur vorausgesetzt — daß das Wort »Uhr« einen Gegenstand beschreibt, dessen Zweck es ist, die Zeit zu messen und nicht nur eine Ansammlung von Metallstücken, die ihr Besitzer als Privatperson beliebig verwenden kann, sei es zum Schmuck des Wohnzimmers oder als Spielzeug für die Katze. Wenn es denn wahr ist, daß die ganze Welt wahrnehmbarer Phänomene, neben der gegenständlichen Welt und der Welt nichtmenschlichen Lebens auch das Leben der menschlichen Gesellschaft, nur im Sinne des Zusammenhangs von Ursache und Wirkung verstanden werden kann und die Idee einer Bestimmung von dieser wirklich wissenschaftlichen Betrachtung von Tatsachen ausgeschlossen werden muß,

5. MacIntyre, After Virtue, S. 35-59.
6. ebenda, S. 45.

dann ist es ganz gewiß, daß es keinen Weg gibt, in dem irgendein Wertsystem auf so verstandene Fakten begründet werden kann. Der Riß kann nicht geschlossen werden. Wenn Bestimmung (purpose) kein Merkmal der Welt der »Tatsachen« ist, und wenn Menschen dennoch Ziele verfolgen, dann ist das ihre Privatangelegenheit, und sie werden diese Ziele allenfalls für sich selbst setzen. Ihre Ziele haben keine andere Autorität als die Überzeugung, aus der heraus sie gesetzt wurden. Diese Ziele können nicht die gleiche Autorität beanspruchen wie Tatsachen: sie sind persönliche Ansichten, die man haben kann, sofern sie die Freiheit Andersdenkender nicht beeinträchtigen. Aber sie können keine universale Geltung beanspruchen; sie gehören in die private Welt.

Daraus wurde, wie ich bereits ausführte, als selbstverständliches Axiom eine Feststellung gefolgert, die weiten Einfluß gewinnen sollte, nämlich daß jeder Mensch gleichermaßen das Recht auf Streben nach Glück habe. Hier wird das Recht auf Streben nach Glück behauptet, nicht das Streben nach einem Ziel, auf das hin Menschen tatsächlich existieren. Glück kann jeder auf seine Weise definieren. Es gibt keinen tatsächlich objektiven Maßstab, nach dem man die unterschiedlichen Vorstellungen von Glück prüfen könne, ob sie nun der Wirklichkeit entsprechen oder nur auf Illusionen beruhen. Der Prüfstand — wahr oder falsch — bezieht sich auf die Welt der Tatsachen, und dazu wird von allen gescheiten Menschen Zustimmung erwartet. Für die Frage nach Gut oder Böse gibt es einen solchen objektiven Maßstab nicht. Ein wissenschaftliches Verständnis der Welt der Erscheinungen muß den Gedanken ausschließen, es gebe über allen Dingen eine Bestimmung, über die man sich in der Wahrheit oder im Irrtum befinden könne.

Ein Gebiet, auf dem der Riß besonders deutlich erkennbar wird, ist das Gebiet der Bildung. Moderne nachaufklärerische Gesellschaften haben als wesentlichen Teil ihrer Entwicklung ein öffentliches Bildungssystem errichtet, durch das Kinder ihren Eltern weggenommen werden und in Wissens- und Fachgebiete eingeführt werden, durch die sie in der öffentlichen Welt der Tatsachen wirksam funktionieren können. Wissenschaft wird als die wahre Zusammenfassung aller Dinge gelehrt. Was aber geschieht mit den Werten? Auf welcher Basis können sie gelehrt werden? In jeder Kultur sind Werte, sofern sie bewußt und reflektiert bejaht werden und nicht einfach zum üblichen Verhalten gehören, in der Sicht von einem letzten Grund allen Seins verwurzelt. Ursprünglich waren sie eigentlich in der Religion verwurzelt. Die moderne wissenschaftliche Sicht aber bietet dafür keine Basis, denn sie schließt eine Bestimmung als Faktor in der grundlegenden Beschaffenheit des Seins aus. Daß die Entwicklung jeder Person gesteuert wird von einem Programm im DNA Molekül, ist eine Tatsache, die jede gebildete Person wissen und akzeptieren sollte. Das gehört in jeden Stoffplan im öffentlichen Schulsystem. Daß jeder Mensch geschaffen ist, um Gott zu ehren und sich ständig an ihm zu erfreuen, ist lediglich die Ansicht einiger Menschen, aber nicht Teil einer allgemeinen

Wahrheit. Doch wenn es wahr ist, ist es mindestens so wichtig wie alles andere, was junge Menschen als Vorbereitung für ihre Reise durchs Leben angeboten bekommen.

Wie soll man nun mit diesem Riß zwischen öffentlicher Wahrheit und privater Ansicht umgehen? Sollte Religion aus den öffentlichen Schulen verbannt werden wie in den USA oder als verbindliches Fach festgelegt werden wie in Großbritannien? Mit anderen Worten: sollte dieser Riß im Lehrplan oder zwischen Schule und Elternhaus erscheinen? Ich wage nicht von den amerikanischen Erfahrungen zu sprechen, aber die neueste britische Erfahrung ist lehrreich. Bis etwa 1960 war »Religion« in britischen Schulen bibelorientiert. Aber der Gegensatz zwischen dem Lehrstoff des Religionsunterrichts und dem sonst vermittelten Wissensstoff hatte — etwas verallgemeinert — zur Folge, daß Christentum von den allermeisten Schulabgängern für den Rest ihres Lebens als überflüssig betrachtet wurde. Seit 1960 kommen nun zunehmend — gelegentlich sogar mehrheitlich — Kinder aus islamischen, hinduistischen, Sikh- und buddhistischen Familien. Seither, und jetzt vorherrschend, wurde »Religion« in britischen Schulen in zunehmendem Maße ein Fach zur Einführung in einige oder alle diese Religionen mit der Einladung, der Schüler möge sich bitte aus den solchermaßen wohlgefüllten Regalen dieses ideologischen Supermarktes selbst bedienen. Im Physikraum lernen die Schüler, was »Tatsachen« sind und sollen am Ende die Wahrheit dessen glauben, was sie gelernt haben. In Religion brauchen sie nur zu wählen, was ihnen gefällt. Da ist es nicht verwunderlich, daß man sich von den Regalen mit den Waren bedient, die vor allem im Osten zu Hause sind. Indische, chinesische und japanische Religionen sind nicht nur deshalb attraktiv, weil sie für westliche Schüler neu sind, sondern sie lassen sich auch mit der modernen wissenschaftlichen Weltanschauung in einer Art vereinen, wie das beim Christentum nicht möglich ist. Es ist allgemein bekannt, daß hervorragende Vertreter der neuen Physik, wie sie von Einstein, Bohr, Planck und Heisenberg entwickelt wurde, von den Ähnlichkeiten zwischen dieser Weltsicht und der der östlichen Religionen beeindruckt sind. Fritjof Capras vielgelobtes Buch »Das Tao der Physik« sieht den kosmischen Tanz als den Schlüssel zum Wesen der Welt der Natur, und den Umschlag seines Buches schmückt das bekannte Bild des tanzenden Shiva. Es hat mich oft betroffen gemacht, daß bei Hindus, die in theoretischer und praktischer Wissenschaft führende Stellungen einnehmen, niemals ein Konflikt zwischen Wissenschaft und Religion zu entdecken war, wie wir ihn in Europa haben.

Der Grund ist klar: für die östlichen Religionen gibt es im Weltverständnis keine Bestimmung. Das Symbol des Tanzes ist eine Interpretation von Bewegung und Wechsel, ohne daß der Gedanke einer Bestimmung eingeführt werden müßte. In der Bibel dagegen ist der Gedanke einer göttlichen Bestimmung vorherrschend. Das aber bedeutet, daß man Werturteile als entweder richtig oder falsch bezeichnen muß, weil sie entweder auf das Ende gerichtet sind, zu dem alle Dinge hin existieren, oder nicht.

Dieser Abstecher zur neueren Erfahrung britischer Schulen hat mich zu einem sehr wichtigen Punkt geführt. Die indischen Atomwissenschaftler (die meisten von ihnen Schüler westlicher Missionare) und ihre Kollegen in den anderen asiatischen Länder sind nur ein Beweis für die Tatsache, daß die Kultur, die ich die moderne westliche genannt habe, gegenwärtig eine Weltkultur ist und überall eine dominierende Rolle spielt. In fast jedem Land der Welt heißt Modernisierung die Übernahme dieser Sicht der Dinge und ihrer praktischen Konsequenzen. Wie ich schon sagte, fühlen sich die östlichen Religionen in dieser modernen wissenschaftlichen Welt leicht zu Hause, und das verstärkt umgekehrt die Elemente im westlichen Christentum, die versuchten, für Religion in der nachaufklärerischen Weltsicht Europas einen Platz zu finden. Denn innerhalb dieser Weltsicht ist es durchaus möglich, der Religion einen Platz anzuweisen, nämlich als tiefe innere und persönliche Erfahrung, ob man das nun im Sinne eines reinen Mystizismus oder in einer Art von liebendem Bedingtsein durch die Urquelle des Lebens versteht. In dieser Art Erfahrung können sich Menschen aller Religionen verwandt fühlen. Das berührt die dominierende wissenschaftliche Weltsicht nicht, aber es erhält sozusagen den privaten Freiraum für Religion innerhalb der öffentlichen Welt wissenschaftlich verstandener Tatsachen. Viele Autoren haben diese gemeinsame Erfahrung gepriesen und sie als Mittelpunkt gesehen, um den die großen Weltreligionen sich zu einer Einheit finden könnten.

Diese Sicht hat etwas Attraktives an sich. Sie verheißt nicht nur Frieden zwischen den Religionen, sondern auch zwischen Glaube und Wissenschaft. Sie vermeidet einen frontalen Zusammenstoß zwischen diesen beiden, weil sie die wissenschaftlichen Ergebnisse über das Wesen der Dinge nicht antastet; statt dessen zieht sie sich in eine innere Welt zurück, die dem Wissenschaftler unzugänglich ist. Oder wenn er sie doch einmal betritt, dann sieht er, daß man dort unterschiedliche Sprachen sprechen kann, unterschiedliche »Sprachspiele« können gespielt werden. Nur der, dessen Weltbild von der Bibel geprägt ist, wird das kaum akzeptieren können. Es wurde schon oft festgestellt, daß die protestantische Theologie seit Schleiermacher ständig dahin tendierte, eine Art Anthropologie zu werden. Sie wurde zum Studium einer bestimmten Sicht menschlicher Erfahrung. Die Bibel dagegen ist beherrscht von der Gestalt des lebendigen Gottes, der handelt, spricht, beruft und eine Antwort erwartet. Die biblische Sprache handelt von Gott, von der Schöpfung und von der Welt öffentlichen Geschehens ebenso wie von »religiöser Erfahrung«. Das alles kann man natürlich in die religiöse Sprache übersetzen und dann an die Seite anderer Beschreibungen religiöser Erfahrungen in anderen Kulturen stellen. Und doch muß man sich wenigstens die Frage stellen: »Könnte es nicht doch anders sein?« Wenn es nun etwa eine Tatsache wäre, daß der eine, durch dessen

Wille und Bestimmung alle Dinge, vom galaktischen System bis zu den Elektronen und Neutronen sind, gehandelt und gesprochen hätte in bestimmten Ereignissen und Worten, um seine Bestimmung zu offenbaren, sie in Kraft zu setzen und uns zur Erwiderung in Liebe und Gehorsam zu rufen? Wäre das nur eine Tatsache, könnten wir immer noch still dasitzen und überlegen, wie sie sich zu anderen Tatsachen verhält. Aber wenn wir das täten, beanspruchten wir das Recht, selbst die letzte Entscheidung zu treffen. Doch wir haben kein Mittel festzustellen, ob wir dieses Recht überhaupt haben. Es könnte sein, daß wir es nicht haben, daß die Geschichte des westlichen Menschen in den letzten 200 Jahren auf einer Illusion beruht, und es könnte sein, daß die Zeichen der Zersetzung dieser unserer Kultur, die wir rings um uns ausmachen, letztlich dieser Illusion zuzuschreiben sind.

Alles, was ich bis hierher zu sagen wage, ist: es könnte so sein. Will ich weitere Folgerungen ziehen, muß ich jetzt zweierlei tun. Da ist einmal ein Blick zu werfen auf das seltsame Buch, das wir »das Buch« (die Bibel) nennen, und zu fragen, was sie ist und wie wir ihre Autorität verstehen können. Danach ist zu fragen, was für Theorie und Praxis zu folgern wäre, wenn die Grundlagen der Kultur, von der wir selbst ein Teil sind, so direkt in Frage gestellt werden. Was würde es bedeuten, wenn wir, statt das Evangelium im Sinne unserer modernen wissenschaftlichen Kultur zu erklären, einmal versuchten, unsere Kultur aus der Sicht des Evangeliums zu erklären?

3.
Das Wort in der Welt

Ziel dieser Abhandlung, so hatte ich eingangs gesagt, sollte eine Untersuchung darüber sein, was zu einer Begegnung zwischen dem Evangelium und unserer Kultur gehört. Ich habe versucht, ein Profil einer dieser beiden Seiten zu zeichnen, unserer Kultur. Nun muß ich die Aufmerksamkeit der anderen Seite, dem Evangelium, zuwenden.

Wenn man eine kulturüberschreitende Mission darstellen möchte, sieht man zunächst eine Reihe von Leuten, die man Missionare nennt und die ihr Zusammenleben nach einer Geschichte, die in einem Buch erzählt wird und die ständig durch Wort und sakramentales Handeln in ihrer Liturgie erneuert wird, gestalten. Die Begegnung zwischen dem Evangelium und der fremden Kultur findet in einem ganzen Komplex von Kontakten zwischen der gestalteten Gemeinschaft und den Leuten, zu denen sie kommen, statt. Im Anfangsstadium wird man das Buch in die Sprache der Leute zu übersetzen suchen, um es ihnen zu empfehlen als das Wort Gottes, das auf ihre Antwort wartet.

Für unsere moderne westliche Gesellschaft sind sowohl diese Gemeinschaft als auch das Buch bereits weitestgehend bekannt. Man kann sie nicht mehr als eine neuartige Anfrage an das allgemein akzeptierte Weltbild verstehen. Kritische Gelehrsamkeit hat mit den in den letzten 200 Jahren entwickelten Methoden die Bibel in das grelle Licht moderner wissenschaftlicher Weltanschauung gerückt. Was sie erzählt, wird nun in den Rahmen der allgemeinen Geschichte der antiken Welt gestellt und auf der Basis der gleichen Kriterien bewertet, die moderne Historiker in ihrer Arbeit bei anderen alten Dokumenten anwenden. Dabei kann dann die Bibel keinen privilegierten Status haben. Sie ist ein Teil der gesamten antiken Literatur. Die in ihr berichteten Ereignisse sollen nun so verstanden werden, daß man sie in das Schema von Ursache und Wirkung einordnet, das die ganze Geschichte zusammenhält. Die in ihr zum Ausdruck kommenden Gedanken, sei es in Mythos, Sage oder Legende, sollen verstanden werden können, wenn man sie in Beziehung setzt zu ähnlichen Glaubensformen anderer antiker Völker. Und die religiöse Erfahrung, die in ihr zum Ausdruck kommt, soll verstanden werden können als Teil der ständigen religiösen Erfahrung des gesamten Menschengeschlechtes.

Und wenn man dann das heilige Buch dermaßen entsakralisiert und fest in die Welt objektiver Fakten gestellt hat, wie sie die Wissenschaft erforscht und einstuft, so wird dann auch die geistliche Gemeinschaft, die Kirche, entsakralisiert. Man hat die neueren Methoden der Anthropologen und Soziologen dieses Jahrhunderts auf die Kirche mit allen ihren Erscheinungsformen angewandt. Der Soziologe sieht die sich wandelnden Strukturen ekklesialer Bilder nicht als gottgewollte Ordnung, wie es der Theologe tut, sondern als Beispiele für den normalen Vorgang von Ursache und Wirkung, wie man ihn auch in anderen menschlichen Gruppierungen beobachten kann.

Man kann nicht einmal leugnen, daß diese Art wissenschaftlicher Untersuchung sowohl im Hinblick auf die Bibel wie in Bezug auf die Kirche außerordentlich erleuchtend war. Das »klar« in der Aufklärung war wirklich klar. Wir können jetzt in mancher Hinsicht die Bibel besser verstehen als vorher, und wir können in mancher Hinsicht nun verstehen, was in der Kirche wirklich vor sich geht, besser, als das vor der Aufklärung möglich war. Es mag ja vieles möglich sein, aber es ist unmöglich, uns selbst in die Zeit vor dieser Erfahrung zurückzuversetzen. Wir können nicht mehr so tun, als hätten wir nichts gelernt. Und man kann unmöglich verhindern, daß dieses Wissen Allgemeingut wird für alle Menschen aller Kulturen, die es haben möchten.

Aber wie können wir dann als Menschen mit diesem Wissen von einer wirklichen Begegnung zwischen dem Evangelium und unserer Kultur sprechen? Wovon reden wir, wenn wir vom Evangelium reden? Wie immer wir es definieren — als Mitteilung, als geschichtliche Ereignisse, als in Praxis verkörperter Glaube, als innere religiöse Erfahrung, oder was auch immer — wir sprechen immer von etwas, für das man sich in unserer Kultur bereits eine Erklärung zurechtgelegt hat. Es ist Bestandteil unserer Kultur. Wir wissen, wie wir es einzuordnen haben. Es ist fest eingefügt in das Netz von Fakten, Ereignissen und Erfahrungen, die sich alle — wenigstens prinzipiell — reibungslos in den unveränderlichen Lauf von Ursache und Wirkung einfügen lassen. Man kann es objektivieren und mit den geeigneten Methoden moderner Wissenschaft in aller Breite studieren. Es ist Bestandteil der gesamten Welt der Erscheinungen, die die Wissenschaft zu erkunden und damit zu beherrschen hat. Wie denn kann es uns herausfordern? Man könnte eines von Jesajas Gleichnissen zitieren (allerdings in Umkehrung dessen, was er sagen wollte) und fragen: »Kann sich auch eine Axt rühmen gegen den, der damit haut?« (Jesaja 10,15) Die Bibel und die Kirche sind Teil unserer Kultur. Wie kann ein Teil unserer Kultur nun Ansprüche gegen unsere Kultur erheben? Was für einen Sinn hat es, hier von Begegnung zu reden?

Es ist bekannt, daß der erste, vielleicht immer noch einer der massivsten Versuche, das Evangelium in den Kontext der nachaufklärerischen Kultur zu stellen, der von Schleiermacher war. Und man kann wahrhaftig behaupten, daß alle weitere theologische Arbeit im protestantischen Westen unter seinem Schatten geschah. Schleiermacher hat in seinem Buch »Der christliche Glaube« das Wesen der Theologie so definiert, daß sie eindeutig auf die eine Seite der Trennung zwischen der Welt öffentlicher Fakten und der Welt privater Werte gestellt wird. »Christliche Glaubenssätze« schreibt er, »sind Auffassungen der christlich-frommen Gemütszustände in der Rede dargestellt«. Sie sind Wiedergaben des »religiösen Selbstbewußtseins«. Soweit christliche Theologie Feststellungen trifft über die Eigenschaften und Handlungsweisen Gottes oder über die Beschaffenheit der Welt, sind sie recht verstanden nicht eigentlich Bestandteil der Dogmatik, sondern gehören je nachdem zur Metaphysik oder zur Naturwissenschaft; sie sind »also dem objektiven Bewußtsein und den Grundbedingungen desselben angehörig, von jener inneren Erfahrung aber und den Tatsachen des höheren Selbstbewußtseins unabhängig«... »Daher müssen wir die Beschreibung menschlicher Zustände für die dogmatische Grundform erklären, Sätze aber von der zweiten und dritten Form (also von den Eigenschaften und Handlungsweisen Gottes, oder der Beschaffenheit der Welt) nur für zulässig, sofern sie sich aus Sätzen der ersten Form entwickeln lassen.« Sehr klar wird die Sache dann in Schleiermachers kurzer Abhandlung über die Auferstehung Jesu von den Toten. Immerzu spricht er von ihr als von einer Tatsache, aber bestreitet durchaus, daß sie irgendeine Beziehung zum Glauben an Jesus als Erlöser habe, und dieser Glaube ist doch das Herzstück des Selbstbewußtseins eines rechtgläubigen Christen ist.[1]

Bei solchen Aussagen wird deutlich, daß Schleiermacher einen Bereich innerer religiöser Erfahrung abgrenzt, um ihn zu schützen vor einer sonst völligen Beherrschung durch ein »objektivierendes Bewußtsein«, vor einer Welt nackter Tatsachen, die letztlich nur mit den Begriffen erklärbar sind, die die Newton'sche Naturwissenschaft bestimmt. Es ist ebenso deutlich, warum danach protestantische Theologie immer auf des Messers Schneide zu stehen schien, in reine Anthropologie zu verfallen, so daß man theologische Aussagen auf nichts anderes mehr beziehen konnte, als auf das religiöse Bewußtsein selbst. Schließlich ist es deutlich, daß Feuerbach nur die naheliegende Folgerung zog, wenn er sagte, daß die bloße Annahme eines Gottes ein Hirngespinst sei, die Projektion eines Bildes vom menschlichen Ego auf den Kosmos. Solch ein Verständnis von Theologie konnte vielleicht, wenigstens bis zum Aufkommen der modernen Psychologie, der Religion ein Versteck bieten vor dem sengenden Licht der Naturwissenschaft. In einem solchen Versteck mitten in der modernen Welt konnte man eine archaische Form von Selbstbewußtsein noch eine Zeitlang weiter kultivieren. Aber man konnte damit nicht mehr die Ideologie bestreiten, die das öffentliche Leben in der Welt beherrschte. Wir kennen diese Art liberaler Theologie nur zu gut, die für das spätere 19. und das 20. Jahrhundert so charakteristisch ist. In ihr wurden die Grenzen dessen, was man noch glauben konnte, durch die Maßstäbe der Aufklärung festgelegt, und in ihr hielt man es für selbstverständlich, daß die

1. Friedrich Schleiermacher, Der christliche Glaube, Parr. 15, 30, 97.

moderne wissenschaftliche Weltanschauung die einzig verläßliche Erklärung vom wirklichen Wesen der Dinge bietet, und daß auch die Bibel nur in den Begriffen dieser Erklärung verstanden werden kann. Dafür mußte man biblische Geschichte nach den Gesichtspunkten moderner historischer Wissenschaften formen. Wunder mußten danach entfernt werden. Die Kreuzigung Jesu konnte zwar noch als ein Ereignis wirklicher Geschichte angenommen werden, seine Auferstehung durfte aber nichts anderes sein als eine psychologische Erfahrung seiner Jünger. Sofern man beim Studium der Bibel Religion als ein authentisches Faktum menschlicher Erfahrung anerkannte, konnte man in der Bibel Religion bezeugt finden, vielleicht sogar bis zur höchsten und letzten Erfahrung des religiösen Geistes. Aber intellektuelle Ehrlichkeit erforderte, daß man die Bibel nur noch so verstehen durfte, wie es einem modernen Menschen zu glauben möglich war.

Man hat eine ganze Reihe von Strategien entwickelt, um für die Bibel in der Welt nach der Aufklärung einen passenden Platz zu finden. Eine davon ist das Festhalten an der Behauptung, der Glaube müsse die Bibel für eine sachlich genaue Darstellung der Schöpfung und Geschichte halten. Bei einem Widerspruch zwischen der Bibel und der modernen Naturwissenschaft sei dann die Naturwissenschaft im Unrecht. Zu dieser Strategie sind drei Dinge zu sagen:

1. Das kann man ohne Persönlichkeitsspaltung nicht behaupten, wenn man ein tätiges Leben in der modernen Welt leben will. Nach Langdon Gilkey wird auch der überzeugteste Fundamentalist in Texas, wenn er nach Öl sucht, nicht bei Theologen, sondern bei Geologen Rat suchen.[2]

2. Wer auf diesem Standpunkt steht, ist selbst Teil der modernen Welt; d.h. wenn er die Bibel für eine sachlich genaue Darstellung hält, dann tut er das mit einem Verständnisrahmen und in einem Konzept von Sachlichkeit, das der Bibel fremd ist. Fundamentalismus in dieser Form ist ein Produkt der Nachaufklärungszeit.

3. Benjamin Warfield ist vielleicht einer der fähigsten Theologen, die diesen Standpunkt vertreten. Aber es wurde bereits ausgeführt[3], daß bei genauer Analyse die Position Warfields darauf beruht, daß er alles auf Erfahrung zurückführt, auf die beständige Erfahrung der Kirche mit der Bibel. Diese Erfahrung — Furcht, Ehrerbietung und Sinn für das Heilige — wurde geweckt und wird dies auch künftig tun. Tatsächlich findet Warfield die letzte Autorität der Schrift dort, wo er sich einer Sprache bedient, die wohl Schleiermachers Beifall gefunden hätte.

Weit mehr Verbreitung aber hat die Strategie gefunden, die die religiöse Bedeutung der Bibel erhalten möchte, ohne dabei den Versuch zu machen, ihre sachliche Genauigkeit bei naturwissenschaftlichen oder historischen Aus-

2. Langdon Gilkey, How the Church Can Minister to the World without Losing Itself, S. 91.
3. D. Kelsey, Uses of Scripture in Recent Theology.

sagen zu verteidigen. Dabei wird berücksichtigt, daß die biblischen Autoren Menschen ihrer eigenen Zeit waren, nicht unseren Wissensstand hatten und sich beschränken mußten auf die ihnen zur Verfügung stehenden intellektuellen Möglichkeiten. Folgerichtig müssen ihre Darstellungen materieller Erscheinungen und geschichtlicher Ereignisse mit den uns zur Verfügung stehenden kritischen Möglichkeiten untersucht werden. Das kann aber dahin führen, daß der kritische Geist den biblischen Text in gleicher Weise kritisch analysiert, wie er das bei jedem anderen Text gleichen Alters tun würde. Der Kritiker ist das aktive Subjekt; die Bibel ist das passive Objekt. Ihr Inhalt wird also ausgelegt danach, wie der Kritiker die Wirklichkeit versteht, wie etwas geschehen ist und geschehen kann. Der Kritiker steht mit seiner Arbeit innerhalb einer allgemein anerkannten Sicht der Wirklichkeit, nach der selbstverständlich alle Ursachen den von ihnen ausgelösten Wirkungen entsprechen und Ereignisse nur in Beziehung zu den ihnen zugrunde liegenden Ursachen verstanden werden dürfen. Der Kritiker unterzieht den Text einer Prüfung, aber läßt sich im tieferen Sinne nicht selbst durch den Text einer Prüfung unterziehen. Ist er ein glaubender Mensch, wird er aus dem Text eine Bereicherung seines eigenen Glaubens gewinnen. Aber sein Glaube beruht nicht auf der Autorität des Textes, sondern er entdeckt allenfalls eine Übereinstimmung zwischen dem vom Text bezeugten Glauben und seinem eigenen.

Weil aber nun der Kritiker mit den Methoden moderner historisch kritischer Forschung vertraut ist, wird er sich davor hüten, die religiöse Welt der Bibel schlicht auf seine eigene zu übertragen. Er ist sich wohl bewußt, daß jene Welt so sehr von seiner eigenen unterschieden war, daß man die religiösen Erfahrungen der biblischen Autoren oder des biblischen Zeugnisses nicht einfach nachvollziehen kann. Einige dieser kritischen Gelehrten nehmen den tiefen historischen Graben zwischen den Verfassern der Bibel und uns selbst so ernst, daß sie jede Möglichkeit seiner Überbrückung fast bestreiten, denn »wir können das Wort ›Gott‹ keineswegs so verstehen, wie die Juden des Alten Testamentes den Namen Jahwe oder wie die Autoren des Neuen Testamentes des Wort ›Theos‹ verstanden«.[4] Aber solch eine extreme Skepsis leugnet einerseits die fundamentale Einheit menschlichen Wesens und andererseits verabsolutiert sie implizit eine bestimmte Weltanschauung des 20. Jahrhunderts. Sie ist nur ein Ausdruck für die äußerste Weiterentwicklung einer Auslegungsmethode der Bibel, nach der diese wie ein Fossil in einer alten Schicht eingebettet ist, so daß sie zu uns heute nicht mehr sprechen kann, es sei denn in der Form von Beispielen universaler religiöser Erfahrung, die anderen Teilen der Menschengeschichte entsprechen können.

Eine andere Methode, mit der man der Bibel eine Bedeutung für die nachaufklärerische Welt geben wollte, war der Versuch, aus ihr Entwürfe oder

4. D. Ninehamm, The Use and Abuse of the Bible, S. 237.

Grundsätze herauszudestillieren, die auf das moderne Leben anwendbar sind. In der Zeit der sogenannten biblischen Theologie hat man charakteristische biblische Gedanken herausgearbeitet, mit denen man auf besondere Weise mit der Wirklichkeit fertig werden konnte. In einem früheren Zeitabschnitt hat man versucht, Verhaltensgrundsätze aus der Bibel abzuleiten. Ein gutes Beispiel dafür sind William Temples Schriften mit ihrem großen Einfluß auf Kirche und Gesellschaft. Aber auch hier ist es nicht der Text der Bibel selbst, dem Autorität zukommt, sondern die Gedanken oder Grundsätze, die aus ihr gewonnen werden können. Dabei ist nicht klar, daß sie ihre Autorität ihrer biblischen Herkunft verdanken. Oder genauer, es ist nicht deutlich, was oder warum ihnen ihre Herkunft aus der Bibel eine andere Autorität verleiht als ihre innere Richtigkeit ihnen für die Vernunft und das Bewußtsein moderner Menschen verleihen könnte.

Eine weitere Strategie konzentrierte sich auf die Bibel als Buch der Geschichte — die Geschichte der Taten Gottes. Gottes Selbstoffenbarung geschieht nach dieser Anschauung nicht in den überlieferten Texten, sondern in den Ereignissen, die darin berichtet und gedeutet werden. Die Bibel ist die Aufzeichnung der Taten Gottes, nicht das Kompendium einer Lehre von Gott; nicht der Text selbst, sondern vielmehr die Geschichte hinter dem Text ist der Ort der Offenbarung Gottes. Der glaubende Mensch unserer Zeit wird die Geschichte der Taten Gottes, die Heilsgeschichte, in zeitgemäßen Begriffen verstehen. Diese Sicht hat mit den beiden vorher beschriebenen die Annahme der Wirklichkeit göttlichen Handelns in der Geschichte gemeinsam. Aber es ist nicht immer klar, ob die Folge von Gottes Taten, die die Heilsgeschichte ausmachen, als zentraler Leitfaden der gesamten Geschichte gesehen werden muß, als Ersatz für die in den säkularen Schulen gelehrte Weltgeschichte, oder ob sie als Schlüssel für eine besondere religiöse Erfahrung zu verstehen ist, die man persönlich innerhalb der öffentlichen Geschichte machen kann. *Heilsgeschichte* wird manchmal dargestellt, als sei sie etwas anderes als die von den weltlichen Historikern dargestellte Geschichte und als sei sie immun gegen deren kritische Untersuchungen. In diesem Fall sind wir natürlich immer noch in dem bekannten Zwiespalt befangen. *Heilsgeschichte* gehört zum privaten Bereich; der öffentliche Bereich hat eine andere Geschichte.

Besonders bemerkenswert unter den zeitgenössischen Zugängen zur Heiligen Schrift ist das Werk Rudolf Bultmanns und vieler von ihm beeinflußten Forschern biblischer Theologie. Hier kann man sagen, daß die Beziehung zwischen dem Forscher und dem Text ausdrücklich nicht das von Subjekt und Objekt ist. Hier darf der Text tatsächlich den Leser ansprechen; aber er kann es nur in der bloßen Unmittelbarkeit, von Subjekt zu Subjekt. Die Begegnung hat nichts mit einer Welt objektiver Fakten zu tun. Glaube ist nicht Glaube, wenn er bei den sogenannten Tatsachen Sicherheit sucht — seien sie metaphysisch oder historisch. Das Suchen dieser Art von Sicherheit wäre das Suchen einer Art Rechtfertigung durch Werke und ist das Gegenteil echten Glaubens. Nach Bultmann darf der Glaube nicht nach einer objektiven Grundlage im Dogma oder in der Geschichte streben, da er sonst seinen Charakter als Glauben verliert.[5] Folgerichtig können Bultmann und seine Schüler die Auflösung des meisten historischen Materials der Evangelien in den starken Säuren wissenschaftlicher Kritik gern akzeptieren und doch im Neuen Testament das finden, was sie kurz mit „Glauben als wahrhaftige Existenz" bezeichnen. Wir stehen hier Es ist sehr deutlich in einer ausgesprochen nach-Kantianischen Welt, in der Tatsache und Wert keine innere Beziehung zueinander haben. Bultmann scheint unkritisch die sogenannte wissenschaftliche Darstellung von Natur und Geschichte zu akzeptieren, die sicheres Wissen objektiver Fakten anzubieten behauptet, ohne irgendeine Einladung zum Glauben für den, der solches Wissen besitzt. Im Gegensatz dazu gehört die wahrhaftige Existenz, das Wesen des Glaubens, zu einer Welt, für die weder Wissenschaft noch Geschichte in ihrem säkularen Sinn irgendetwas bedeuten können. Sie gehört ausschließlich in den privaten Bereich.

Wenn wir uns auf den Zwiespalt zwischen Tatsache und Wert einlassen, dann müßten wir uns auch entsprechend auf Bultmanns Behauptung einlassen, daß es einen Widerspruch gibt zwischen dem Sich Verlassen auf sogenannte objektive Tatsachen von Geschichte oder Naturwissenschaft einerseits und dem Ruf des Evangeliums nach Rechtfertigung allein durch den Glauben andererseits. Bultmann und seine Schüler möchten es den modernen Menschen in der Kultur nach der Aufklärung ermöglichen, sich durch den Ruf zum Glauben, der aus der Schrift kommt, angesprochen zu fühlen. Sie treten nachdrücklich dafür ein, daß sich die Arbeit radikaler historischer Bibelkritik, wie sie sie üben, sich der reformatorischen Lehre der Rechtfertiung allein durch Glauben ergibt. Aber nun muß gefragt werden, ob dieser Ruf des Evangeliums nur an den Einzelnen gerichtet ist im privaten Bereich seiner Seele, oder ob er nicht auch die Behauptung der modernen Welt in Frage stellt, daß wissenschaftliches Studium von Natur und Geschichte zu einem Wissen verhilft, das Sicherheit schenkt, Zweifel nicht mehr zuläßt und nicht auf Glauben beruht. Kann man wirklich für den Glauben im privaten Bereich Raum schaffen, wenn es aus dem öffentlichen Bereich als Ersatz für sicheres Wissen verbannt ist? Und — umgekehrt — müßten wir dann nicht konsequent sein und den Namen Jesu überall aus dieser Darstellung wahrhaftiger Existenz streichen, es sei denn zur Illustration? Wenn die objektiven historischen Tatsachen keine Grundlage für den Glauben sein sollen, wozu führen wir dann noch diesen Namen an? Der Christus des Glaubens könnte, so scheint es doch, im Sinne Bultmanns auch dann sehr gut funktionieren, ohne daß seine Konturen durch irgendeine Verbindung mit dem sogenannten historischen Jesus vermischt

5. Vgl. Rudolf Bultmann, Welchen Sinn hat es, von Gott zu reden?, in: Glauben und Verstehen, S. 26-37.

werden. Und wenn »Glaube« der passende Name für etwas ist, das lediglich eine psychologische Voraussetzung ist und kein kognitives Element hat — hat er dann kein Objekt, über das man ontologische Aussagen machen kann?

Genau dieser Zwiespalt wird nun im Licht des Evangeliums in Frage gestellt, der Zwiespalt zwischen einer Welt sogenannter objektiver Tatsachen, die vom Erkennenden ohne jede Form von Glaubensbindung »wissenschaftlich« erkannt werden können, und einer Welt des Glaubens, der lediglich eine Sache persönlicher Verantwortung des Glaubenden ist. Damit werden wir uns im nächsten Kapitel noch zu beschäftigen haben. Hier muß nur noch gesagt werden, daß Bultmann und seine Schüler mit ihrer Zurückweisung von sogenannten historischen Tatsachen als Glaubensgrundlage recht hätten, wenn man wirklich von einem solchen Zwiespalt ausgehen müßte. Aber davon sollte man gerade nicht ausgehen.

Alle hier beschriebenen Strategien haben etwas gemeinsam: Sie setzen innerhalb der kulturellen Voraussetzungen der modernen wissenschaftlichen Weltanschauung an. Das ist offensichtlich. Aber ist es nicht auch unvermeidlich? Können wir als die Menschen, die wir sind, die Bibel irgend anders lesen? Können wir die Axiome und Voraussetzungen, die wir mit unseren Zeitgenossen teilen, in all unseren täglichen Geschäften und Unterhaltungen einfach beiseiterücken? Sie haben doch unsere ganze Erziehung mitgeprägt, die wir nicht aus freien Stücken so übernommen haben, sondern unausweichlich und ohne die Möglichkeit einer Entscheidung, da die Dinge nun einmal schlicht so liegen. Müssen wir die Dinge nicht so sehen, wenn wir unsere eigene Integrität bewahren wollen? Die Bibel ist ja keine außerirdische Größe, die aus einer anderen Welt in unsere gefallen ist; sie ist Teil unserer Welt. Müssen wir sie nicht deshalb so auslegen mit Hilfe der einzigen Kategorien, die wir haben? Wie könnte sie uns denn überhaupt beeinflussen, wenn sie nicht in unserer Sprache zu uns spricht als Teil der wirklichen Welt, zu der wir gehören?

Wenn ich diese rhetorischen Fragen stelle, vergesse ich nicht, was alles über den berühmten hermeneutischen Zirkel geschrieben wurde. Niemand geht mit einem völlig leeren Geist an einen Text. Jeder kommt mit einem Vorverständnis; sonst wäre ein Verstehen nicht möglich. Aber in gewissem Sinn muß der Leser auch sein Urteil einem zeitweiligen Moratorium unterwerfen, den Text in seiner eigenen Weise sprechen lassen und die Möglichkeit akzeptieren, daß das Vorverständnis in ein neues Verständnis gewandelt wird. Der Pfad wirklicher Hermeneutik verläuft also zwischen zwei Gefahren: die eine ist eine so starke Betonung der Fremdheit und Andersartigkeit des Textes, daß er schließlich nur ein Studienobjekt bleibt, und das Vorverständnis des Lesers nicht in Frage stellt, sondern seine geistige Welt unbeeinflußt läßt bis auf einige neue Fakten. Die andere Gefahr liegt darin, die Fremdheit des Textes so sehr zu übersehen, daß er in das bereits vorhandene Vorverständnis des Lesers schlicht absorbiert wird. Offensichtlich sind diese Beobachtungen auch auf das Lesen und Verstehen der Schrift anwendbar. Wir gehen unausweichlich mit einem Vorverständnis an sie heran, das ganz und gar von unserer Kultur bestimmt ist. Das kann auch nicht anders sein. Aber wir müssen fragen, ob das Modell des hermeneutischen Zirkels angemessen beschreiben kann, was zur Begegnung zwischen der Heiligen Schrift und unserer Kultur gehört.

Wenn ich diese Frage stelle, denke ich an viele Passagen der Heiligen Schrift, die die Unverständlichkeit ihrer Botschaft durch die Weisheit dieser Welt betonen, die radikale Diskontinuität zwischen aller noch so tiefen menschlichen Weisheit und der Offenbarung, die in der Schrift zur Sprache kommt. Ich denke an die erschreckenden Worte Jesu, wo er mit Zitaten aus Jesaja 6 warnt, daß seine Lehre nicht Verstehen, sondern Blindheit und Verstockung schaffe — außer bei denen, denen das Geheimnis des Reiches Gottes gegeben ist (Markus 4, 11-12). Ich denke auch an Paulus, der soweit geht, daß er die Verkündigung des Evangeliums als unerträglich oder unverständlich bezeichnet, außer für die, die zu seinen Zeugen berufen sind (1. Korinther 1, 25-26). Es ist klar, daß solches Reden auf eine Beziehung zwischen Vorverständnis und Verständnis hinweist, die (moderater ausgedrückt) mit dem Modell des hermeneutischen Zirkels nicht angemessen dargestellt ist. Denn es besteht doch eine tiefe Diskontinuität — kein Zirkel, sondern eine Kluft.

Natürlich wäre es absurd, von einer völligen Diskontinuität zu sprechen. Wäre die Diskontinuität total, würde man sie auf keiner Seite wahrnehmen können. Im Bereich der Naturiwssenschaften gibt es eine Analogie, die wohl hilfreich ist. Es ist eine Analogie, mehr nicht. Seit der Veröffentlichung von Thomas Kuhns »The Structure of Scientific Revolutions« ist uns bekannt, was er den »Paradigmenwechsel« in der wissenschaftlichen Arbeit nennt. Ich bin mir bewußt, daß seine These Kritik gefunden hat, und ich möchte gewiß nicht unterstellen, daß wissenschaftliche Theorien nur bequeme Wege zur Gewinnung neuer Daten wären, statt der Wirklichkeit auf den Grund zu kommen. Was immer man an Kuhn kritisieren mag, so beweist er doch, daß ein Wechsel wie beispielsweise der von der Physik Newtons zu der Einsteins nicht einfach von einem stufenweisen Folgern innerhalb der Voraussetzungen der früheren Sicht entstehen, sondern aus einer neuen Sicht der Dinge, die nach einer Art von Umdenken, von Bekehrung verlangt. Ich will auf folgendes hinaus: Trotz der radikalen Diskontinuität, daß nämlich die neue Theorie nicht durch irgendeinen Prozeß logischen Folgerns aus der alten erreicht wird, bleibt dennoch eine Art Kontinuität in dem Sinn, daß die alte Theorie auch aus der Sicht der neuen rational verstanden werden kann. In Einsteins Physik haben die Gesetze Newtons für große Körper in langsamer Bewegung immer noch Gültigkeit. Newtons Physik bleibt für die Bewegungslehre in Kraft. Stellt man also eine radikale Diskontinuität zwischen dem Alten und dem Neuen fest, ist das noch lange keine Kapitulation vor der Irrationalität. Von einer

Seite her sieht man nur eine Kluft; von der anderen aber kann man eine Brücke sehen.

Analog könnte man nun darauf hinweisen, daß die radikale Bekehrung, von der die Bibel spricht, tatsächlich eine Diskontinuität beschreibt, die im Modell des hermeneutischen Zirkels nicht erfaßt werden kann. Und doch bedeutet das keine Kapitulation vor der Irrationalität, sondern das neue Verstehen des bekehrten Menschen könnte es ihm ermöglichen, einen Platz für die Wahrheit, wie sie sich früher dargestellt hat zu finden, und doch eine weitere und umfassendere Einsicht zu bieten, als es die alte konnte. Der Pharisäer Saulus kann Jesus von Nazareth nur als einen Gesetzesbrecher sehen. Der Christ Paulus kann das Gesetz als »Zuchtmeister« (paidagogos) sehen, der ihn zu Christus brachte, und er erkennt Christus als die Erfüllung des Gesetzes.

Bevor ich wieder zu der Bedeutung des hermeneutischen Zirkels zurückkehre, liegt mir an der Feststellung, daß das Modell des hermeneutischen Zirkels nicht angemessen darstellen kann, was in der Beziehung zwischen dem Evangelium und dieser und jener Kultur passiert. Nach meinem Verständnis ist das Johannesevangelium in der ganzen christlichen Geschichte der kühnste und geistreichste Versuch, das Evangelium in eine bestimmte Kultur hinein zu vermitteln. Sprache und Gedanken der hellenistischen Welt sind hier so meisterlich getroffen, daß Gnostiker aller Zeiten dieses Buch als besonders für sie geschrieben verstanden haben. Und doch ist nirgendwo in der Bibel der absolute Widerspruch zwischen dem Wort Gottes und menschlicher Kultur erschreckender und klarer festgestellt. Die ersten zwölf Kapitel zeichnen mit schonungsloser und geballter Kraft die völlige Unfähigkeit auch der Besten und Frömmsten, das Angebot zu erfassen; und sie enden bei der absoluten Verwerfung Jesu als eines gotteslästerlichen Sünders und bei dem Urteil, daß die Jünger des Mose Kinder des Teufels sind. Und dann finden wir uns in den Kapiteln 13-17 in einer völlig anderen Welt, einer Welt, in der Jesus selbst strahlender Mittelpunkt von Licht und Liebe ist, und alles Geschehen in Gegenwart und Zukunft wird erleuchtet und sinnvoll gemacht durch dieses Licht und diese Liebe. Die Beziehung zwischen diesen beiden Situationen kann keinesfalls im Sinne des hermeneutischen Zirkels beschrieben werden. Einerseits stellt Jesus reine Religion in Frage und widerspricht der üblichen Denkweise; andererseits ist er Zentrum und Quelle aller Wahrheit. Die Grenze zwischen den beiden Welten wird mit den Begriffen Tod und Wiedergeburt beschrieben und die dieseits der Grenze stehen, sind nicht diejenigen, die eine Art gigantischen hermeneutischen Sprung gemacht haben, sondern diejenigen, die erwählt und berufen sind — nicht aufgrund ihres eigenen Wollens — um Zeugen Jesu für die Welt zu sein.

Als Kinder unserer heutigen westlichen Kultur neigen wir dazu, Behauptungen dieser Art als irrationale Alternative abzulehnen. Ja, aus dieser Kultur heraus müssen wir das sogar tun. Der christliche Anspruch besteht nun darin, daß diese neue Weise des Weltverständnisses zwar keineswegs durch irgendeinen logischen Schritt von den Axiomen der alten her erreicht werden kann, aber daß dennoch dieser neue Weg eine weitere Einsicht eröffnet, die der Einsicht der alten nicht widerspricht, sondern sie einschließt. Wir werden diesen Anspruch in einem späteren Kapitel zu prüfen haben. Hier und jetzt müssen wir noch betrachten, was dieser Anspruch für unser Verständnis des hermeneutischen Zirkels bedeutet.

Zeitgenössische Vertreter der soziologischen Wissenschaft haben uns damit vertraut gemacht, daß unser Sinn für Wirklichkeit zu einem großen Teil von der Gesellschaft bestimmt ist, in der wir leben. Es ist für den Einzelnen fast unmöglich, die Wirklichkeit dessen, was die Gesellschaft als wirklich ansieht, ständig zu bestreiten oder die Wirklichkeit von Dingen zu behaupten, die die Gesellschaft als Illusionen betrachtet. Die Plausibilitätsstrukturen, die unsere Wahrnehmung der Wirklichkeit steuern, sind aus dem gesellschaftlichen Leben erwachsen. Das trifft auf die engmaschigen religiösen Gesellschaften wie beispielsweise den Islam ebenso zu wie auf unsere modernen pluralistischen Gesellschaften, die religiöse Gemeinschaftsbildung schlicht als Manifestation von Gruppen- oder Einzelentscheidungen für den privaten Bereich ihres Lebens betrachten. Die moderne wissenschaftliche Weltanschauung funktioniert als Plausibilitätsstruktur genauso, wie es der Islam oder der Katholizismus tun. Das sagt natürlich noch nichts aus über die Wahrheit der Anschauungen, die sich in diesen Strukturen niedergeschlagen haben, sondern nur über die Art und Weise, in der sie gleichermaßen die Freiheit des einzelnen bei Entscheidungen über Fragen der Wahrheit einschränken.

Die erstaunlichen Errungenschaften moderner Wissenschaft in den letzten 250 Jahren sind, ich wiederhole es, gegründet auf der methodologischen Eliminierung der Idee einer Bestimmung (purpose) aus der Untersuchung von Phänomenen. Moderne Wissenschaft hat sich ein Erklärungsmodell zu eigen gemacht, nachdem die Beziehung von Ursache und Wirkung jede Beziehung zwischen Phänomenen bestimmt. Selbst wo dieses Modell — wenigstens zeitweilig — ins Schwanken zu geraten scheint, wie z.B. bei der Quantenphysik, wird kein Wissenschaftler behaupten, daß an den betreffenden Punkten von einer bewußten Bestimmung oder als Folge eines übernatürlichen Eingreifens her gehandelt wird. Der Erfolg dieser Methode war so überwältigend, daß man dort, wo man mit ihrer Hilfe eine Erklärung nicht finden konnte, eher an einen zeitweiligen Rückschlag glaubte, als grundsätzlich an der Methode selbst zu zweifeln. Es blieb dann auch nicht aus, daß man mit den gleichen Untersuchungsmethoden auch an die Bibel heranging. Dabei geht man davon aus, daß es zur inhaltlichen Erklärung des Rückschlusses auf eine göttliche Erklärung nicht bedarf. Die Erklärung »Gott hat an einem bestimmten Punkt in der Erklärung der Geschichte gehandelt«, wird für jemanden, dessen Geisteswelt von der modernen wissenschaftlichen Weltanschauung völlig geprägt ist, nichts »erklären«. So etwas gehört nicht zur Welt wirklicher Ursachen. Er wird eine Art »Übersetzung« versuchen müssen. Er gesteht den biblischen Autoren und ihren Zeitgenossen eine Weltanschauung zu, in der göttliches Eingreifen als Erklärung akzeptiert wurde. Doch er lebt in einer anderen Welt. Wenn der Text nicht nur als ein Stück Archäologie behandelt werden soll, als ein Beispiel einer interessanten, aber jetzt ausgestorbenen Form menschlichen Bewußtseins, dann muß man es zumindest übersetzen, um in unserer Welt eine einleuchtende Erklärung zu finden. Und die unterschiedlichen Möglichkeiten solcher Übersetzung sind uns durchaus vertraut.

Aber es gibt noch eine andere Möglichkeit, für die man sogar innerhalb des modernen Denkens Vernunftgründe findet. Die Bibel ist ja keine Sammlung von Dokumenten, die man kürzlich aus ägyptischem Wüstensand ausgegraben hat. Es wäre ganz »unwissenschaftlich«, so zu tun, als sei sie das. Die Bibel ist uns doch überkommen als das Buch einer Gemeinschaft, und weder das Buch noch die Gemeinschaft können verstanden werden, wenn man sie nicht in Beziehung zueinander setzt. Die Gemeinschaft ist ganz deutlich in ihrer heutigen Form ständig geprägt durch die Beachtung, die sie der Bibel schenkt. Ebenso gewiß ist das Lesen der Bibel in dieser Gemeinschaft, wenn sie die Bedeutung dieses Buches zu verstehen und ins praktische Leben umzusetzen sucht, geprägt von einer Tradition, die sich durch die Erfahrung früherer Generationen von Glaubenden entwickelt hat. Das »Vorverständnis«, mit dem die heutige Gemeinschaft die Bibel liest, wird von der Art und Weise bestimmt, in der frühere Generationen von Christen sie im Laufe ihrer Nachfolge verstehen lernten. Jeder christliche Leser betrachtet die Bibel durch die Brille der Tradition, die in seiner Gemeinschaft, lebendig ist. Und diese Tradition wird ständig erneuert, weil jede neue Generation im Hören auf die Schrift und im praktischen Gehorsam treu sein möchte. Das ist der hermeneutische Zirkel, der innerhalb der glaubenden Gemeinschaft gilt.

Und genau das gibt uns nun den Schlüssel zum Verständnis des eigentlichen Wesens der Bibel. Denn es ist doch sehr klar geworden, daß die uns heute vorliegende Schrift das Ergebnis dessen ist, was dieser gleiche hermeneutische Zirkel von Anfang an bewirkte. Mit der Anwendung historisch- und literarisch-kritischer Methoden, wie sie seit der Aufklärung entwickelt wurden, hat es die moderne Forschung ermöglicht, daß wir jetzt den vorliegenden biblischen Text als Ergebnis einer solchen ständigen Neufassung der Tradition im Licht neuer Erfahrung sehen lernten. Die Geschichte wurde durch Generationen hindruch immer wieder erzählt und hat damit ihre Bedeutung für die jeweils zeitgenössische Situation erkennen lassen. Heute können wir deshalb als Ergebnis kritischer Forschung den Text so lesen, wie es frühere Generationen nicht konnten. Er ist nicht ein einheitliches Gebilde von »toten« Fakten und Sprüchen der Vergangenheit. Er ist Teil eines lebendigen Prozesses, an dem wir gemeinsam mit allen teilnehmen, die vor uns durch die Schule der

Nachfolge gegangen sind, und mit allen, die als unsere Zeitgenossen in der gleichen Schule sind. Wir können Fragen stellen wie »Was ist wirklich geschehen? Wie hat dieser Verfasser es verstanden? Wie hat der andere Verfasser die ihm überlieferte Tradition neu interpretiert? Aus welcher Quelle stammt dieses Wort, dieser Gedanke, diese Vorstellung? Was wollte der frühere Verfasser sagen, und wie unterscheidet sich das von dem Verständnis des späteren Verfassers?« Aber wir stellen diese Fragen von innen, aus unserer Einbindung in Glaube und Nachfolge, aus der Tradition, in der wir als Mitglieder dieser Gemeinschaft stehen, für die die Bibel maßgebend ist. Auch wir erzählen immer wieder diese Geschichte in ihrer Bedeutung für ständig neue Situationen.

Wenn wir uns diesen Problemen in Frage und Antwort stellen, können wir unser Verständnis erheblich erweitern, falls es im Kontext des gemeinsamen grundlegenden Glaubens geschieht, der das Leben der ganzen Gemeinschaft bestimmt, und auch im Kontext der heutigen Bemühungen darum, wie man auch in unserer Zeit verstehen *und* treu bleiben kann. Die Beziehung zwischen diesen beiden Anliegen kann man mit dem bekannten Beispiel einer Pianistin am besten beschreiben. Eine große Pianistin muß sich im richtigen Augenblick voll und ganz auf ihr Fingerspiel konzentrieren. Aber wenn sie beim Vorspielen einer Sonate oder in einem Konzert nur darauf achtet, wäre das fatal. Beim Spielen muß sie mit Leib und Seele ganz aufgehen im Wunder der Musik, das Fingerspiel völlig vergessen. Und doch bliebe das Wunder der Musik völlig aus, ließe sie ihre Finger nicht spielen. Man kann natürlich die Fingerbewegungen einer Pianistin ausschließlich als Beispiel eines Zusammenwirkens mechanischer, chemischer und elektrischer Impulse verstehen. Bei Anwendung dieser Methode käme man auch zu einer in sich schlüssigen Darstellung solcher Bewegungen. Das könnte auch ein völlig unmusikalischer Mensch leisten, für den eine Mozartsonate nur eine Folge wirrer Geräusche ist. Aber wer darauf bestehen wollte, man könne nur auf diese Weise »wissenschaftlich« verstehen, was wirklich vorgeht, der hätte ein merkwürdiges Verständnis von »Wissenschaft«. Es wäre sicher ebenso unwissenschaftlich, wollte man verkennen, daß unsere Universitäten, sogar rein weltliche, deshalb ständig enorme Mittel in die historisch kritische Forschung der Schrift stecken, weil diese Schrift damals wie heute in gegenseitiger Beziehung mit lebendigen Glaubensgemeinschaften wirksam bleibt. An dieser Stelle sei eingeschoben, daß diese Investitionen in keinem Vergleich stehen zu denen, die für die Erforschung anderer alter Dokumente bereitgestellt werden. Diese gegenseitige Beziehung also ist der Schlüssel für ihre Bedeutung. Es erscheint von der Methodik her als äußerst unwissenschaftlich, daß der Schlüssel zu ihrer Bedeutung darin liegen soll, sie als Fragmente der Vergangenheit zu behandeln, die man eigentlich nur mit sehr vielen Mutmaßungen rekonstruieren kann. Wir aber müssen mit Stuhlmachers Worten feststellen, »daß die biblischen Texte erst aus einer dialogischen Situation heraus voll interpretiert werden können, die durch das kirchlich gelebte Wagnis christlichen Existierens bestimmt ist«.[6] Wo das anerkannt wird, wird man ebenso die Gültigkeit der »Soziologie des Wissens« anerkennen, die Peter Berger in seiner Apologetik als Ansatzpunkt benutzt. Die Bibel kann nur dort Autorität sein, wo eine Gemeinschaft sich zu Glaube und Gehorsam verpflichtet und diese Verpflichtung in einer aktiven Nachfolge lebt, die das gesamte Leben, das öffentliche und das private, umfaßt. Das ist die Plausibilitätsstruktur, innerhalb derer der Glaube wachsen kann. Auch wenn es für ein bestimmtes protestantisches Verständnis der Nachaufklärungszeit anstößig erscheint: nicht die Bibel an sich, sondern die Kirche im Bekennen des Glaubensgeheimnisses wird als Pfeiler und Grundfeste der Wahrheit bezeichnet.

Im Hinblick auf den hermeneutischen Zirkel sei noch einmal zusammenfassend gesagt: Schrift und Tradition, Tradition und Schrift stehen in einer sich ständig entwickelnden gegenseitigen Beziehung. Und diese Entwicklung ist nicht ein ausschließlich intellektueller Vorgang, sondern Teil des gesamten Lebens mit Andacht, Gehorsam, parteinehmender Nachfolge, in den ständig wechselnden Verhältnissen neuer Generationen und neuer Kulturen. Aber das Modell des hermeneutischen Zirkels ist nicht brauchbar, wenn man beschreiben will, was sich an der Grenze zwischen dieser Glaubensgemeinschaft und der Welt, die ohne diesen Glauben lebt, abspielt. Nach meiner Auffassung muß man an dieser Grenzlinie nach anderen Modellen suchen — beispielsweise dem biblischen Bild vom Sterben und Geborenwerden. Offensichtlich stellt unsere moderne westliche Welt eine Plausibilitätsstruktur dar, innerhalb derer die biblische Darstellung von Sachverhalten einfach unannehmbar ist. Sie entspricht nicht der Wirklichkeit, wie wir sie kennen. Deshalb ist es nur natürlich, wenn sie die Forderung erhebt, die Sprache der Bibel sollte so in die Begriffe unserer Kultur übertragen werden, daß sie der uns unbekannten Wirklichkeit entspricht. Wir haben einige der Vorschläge dazu kurz betrachtet. Im nächsten Kapitel will ich den Nachweis versuchen, daß es nicht irrational ist, die Möglichkeit einer völlig anderen Plausibilitätsstruktur anzunehmen, und daß ein Paradigmenwechsel möglich ist, der — wenn auch nicht logisch zwingend — die Vernunft nicht bestreitet, die in der derzeitigen Plausibilitätsstruktur wirkt. Am Ende dieses Kapitels möchte ich nur noch etwas Zusätzliches sagen über die Beziehung zwischen Heiliger Schrift und Tradition und inwiefern in der Gegenseitigkeit dieser Beziehung die Schrift immer den Vorrang hat.

Zu Beginn dieses Kapitels habe ich kurz Bezug genommen auf einige Versuche, mit denen man nach der Aufklärung den Ort göttlicher Offenbarung und von daher die Autorität der Heiligen Schrift festlegen wollte. Es gibt den fundamentalistischen Versuch mit der Behauptung, die Schrift sei eine

6. P. Stuhlmacher, »Schriftauslegung«, S. 125.

Sammlung von sachlich unfehlbaren Feststellungen über Natur und Geschichte, an denen man auch angesichts des Widerspruchs durch die moderne Wissenschaft festzuhalten habe. Es gibt die Anschauung, daß die Heilige Schrift sich der unmittelbaren persönlichen Erfahrung bezeugt (in welchem Sinn auch immer man diese Erfahrung verstehen mag), die mit der gesamten religiösen Erfahrung des Menschengeschlechts zusammenhängt. Daneben gibt es die Sicht, daß die Heilige Schrift Gedanken und Prinzipien ausdrückt, die sich von ihrer biblischen Grundlage lösen und selbständig Geltung beanspruchen können mit der ihnen innewohnenden Autorität. Und schließlich ist da die Auffassung, die die göttliche Offenbarung in einer Geschichte hinter dem sichtbaren Geschehen sucht — der Heilsgeschichte, die die biblischen Zeugen — zweifellos in den Grenzen ihres eigenen Verstehens — festhalten und deuten wollten. Diese »Heilsgeschichte« muß unterschieden werden von der Geschichte, die säkulare Historiker rekonstruieren möchten, und ist deshalb immun gegen deren kritischen Zugriff.

Im Unterschied zu alledem (und auf der Linie dessen, was ich von Hans Frei, George Lindbeck und anderen gelernt habe) möchte ich von der Bibel reden als der Sammlung derjenigen Literatur, die uns vorwiegend — aber nicht ausschließlich — in narrativer Form den Zugang zum Wesen, zum Handeln und zu den Absichten Gottes erschließt. Nach Frei ist die biblische Literatur »realistisch narrativ«, und das beschreibt er so:

> ». . . in ihr wird die Persönlichkeit einzelner Menschen sowohl in ihrer inneren Tiefe oder Subjektivität als auch in ihrer Eigenschaft als Handelnde und Leidende bei Aktionen und Ereignissen bestimmt und sinnvoll in den Kontext des äußeren Umfeldes gestellt, des natürlichen Umfeldes, aber besonders des sozialen . . . derart, daß Mensch und sozialer Hintergrund zusammengehören und Person und äußeres Umfeld einander entsprechen.«[7]

Danach ist die Bibel als Ganze die Darstellung Gottes als dessen, der der Schöpfer und Erhalter aller Dinge ist und nicht nur die Entsprechung oder der Bezugspunkt einer universalen, natürlichen, religiösen Erfahrung. Diese Entsprechung können wir aber nur dann richtig verstehen, wenn wir selbst uns dem gleichen Kampf (struggle) stellen, den wir in der Bibel sehen: die Ereignisse unserer Zeit zu verstehen und mit ihnen umzugehen in dem Glauben, daß der in der Schrift offenbarte Gott wahrhaftig der Handelnde ist, dessen Willen alles, was ist, geschaffen und erhalten hat und zu seinem rechten Ende bringen wird. Im derzeitige Sprachgebrauch sagt man, daß das hier gemeinte Verstehen einfach nur dann möglich ist, wenn es aus der *Praxis* kommt. Und

7. H. Frei, The Eclipse of Biblical Narrative, S. 13-14.

Praxis heißt Teilnahme an der öffentlichen Welt ebensosehr wie an der privaten, denn der Gott, der in der Bibel »dargestellt« ist, ist der Gott der Natur und der Geschichte ebenso wie der der menschlichen Seele. Wir müssen die Bibel also heute so lesen, daß wir jeden Augenblick in den komplexen Ereignissen unserer Zeit mit dem gleichen lebendigen Gott, der uns in der Schrift begegnet, und er mit uns zu tun haben. Das heißt, daß wir nach seinem Willen fragen, uns gehorsam zeigen, den Teil des Leidens tragen, den er uns zumißt und den endgültigen Sieg seiner Sache erwarten.

Wenn wir so reden, wird deutlich, daß wir nicht von einer Sphäre privater religiöser Erfahrung reden, die sich von unserer Lebenserfahrung unterscheidet — nämlich dem praktischen Leben in dieser Welt. Es ist ein Kampf, Gottes Willen zu erkennen und ihm gehorsam zu sein inmitten aller Mehrdeutigkeiten und Verworrenheiten des Lebens. Dabei können wir uns oft irren, sowohl im Hinblick auf unser Verständnis vom Handeln Gottes als auch in unseren Versuchen, gehorsam zu sein. Auch die Heilige Schrift macht ja deutlich, daß die Menschen, deren Geschichten sie erzählt, oft genug geirrt haben oder nur teilweise richtig lagen bei dem Versuch, Gottes Willen zu erkennen.[8]

Bestenfalls können wir hoffen, uns für das relativ Bessere zu entscheiden und das relativ Schlechtere abzulehnen. Wir können niemals behaupten, daß unser Verstehen oder unser Tun absolut richtig ist. Wir können auch nicht beweisen, daß wir recht haben. Das wird sich erst am Ende herausstellen. Als Teil der Gemeinschaft, die mit uns in der Auseinandersetzung steht, öffnen wir uns ständig der Heiligen Schrift, immer zusammen mit den anderen Nachfolgern dieser oder früherer Zeiten und im Kontext des Ringens um Gehorsam; und wir finden darin ständig neue Einsichten in Wesen und Willen des Einen, der für uns auf ihren Seiten »dargestellt« ist. Wir lesen diese Seiten natürlich als Teil unserer wirklichen, der säkularen Geschichte. Wir sind ein Teil dieser Geschichte. Welche andere Geschichte gäbe es dann? Es gibt nicht mehrere Arten von Geschichte, aber es gibt mehrere Arten von Geschichtsverständnis. Wir erkennen das, weil ein anderes Geschichtsverständnis ständig angewandt wird, wenn es um die heutigen Ereignisse bei uns geht. Es ist möglich und in unserer Kultur auch normal, den Namen Gottes ganz und gar aus der Beschreibung öffentlichen Geschehens herauszuhalten und Geschichte auszulegen als ein Kontinuum von Ursache und Wirkung: eine Arena, in der »historische Kräfte« am Werk sind und alles nach bestimmten Regeln abläuft, die man wissenschaftlich feststellen kann — oder allenfalls eine Arena, in der die einzigen Zielbestimmungen die für einzelne Menschen sind.

8. Vgl. G.B. Caird, The Language and Imagery of the Bible, S. 60.

Aber es wäre sinnlos zu meinen, es könne eine Art friedlicher Koexistenz zwischen diesen beiden Geschichtsverständnissen geben. Es ist doch eine Illusion, sich einzubilden, es gebe zwei Arten von Geschichte — heilig und profan, Heilsgeschichte und Weltgeschichte. Wir, die wir zur Zeit Geschichte machen und erleiden, wissen, daß es nur eine Geschichte gibt. Aber wir wissen auch, daß man sie theistisch oder atheistisch verstehen kann. Man kann sich zwar vorstellen, daß im Verlauf historischer Forschung auch ein methodologischer Atheismus anwendbar ist, genauso wie man sich einen Wissenschaftler vorstellen kann, der beim Studium der Fingerbewegungen einer Pianistin jeglichen Bezug zur Musik ausklammert. Aber wer zu der Gemeinschaft gehört, die sich leiten läßt von der Darstellung Gottes in der Schrift, wird gewiß das Leben nicht einteilen lassen in einen privaten Bereich, in dem Gott anerkannt wird und einen öffentlichen Bereich, in dem alles Geschehen letztlich ohne Bezugnahme auf Gott gedeutet wird. Die lange geführte Debatte über die Beziehung zwischen dem geschichtlichen Jesus und dem Christus des Glaubens ist ein deutliches Symptom für die Illusion, die seit der Aufklärung in unserer Kultur herumspukt. Es gibt nur einen Jesus, und es gibt nur eine Geschichte. Die Frage ist, ob der Glaube, der sich auf Jesus konzentriert, der Glaube ist, mit dem wir auch den Verlauf der Geschichte verstehen wollen, oder ob wir diesen Glauben auf einen privaten religiösen Bereich beschränken und die öffentliche Geschichte der Welt anderen Deutungsprinzipien überlassen.

Die bisherige Argumentation führt uns zu der folgenden vorläufigen Schlußfolgerung: In der missionarischen Begegnung zwischen Evangelium und unserer Kultur steht auf der einen Seite die Gemeinschaft, für die die Bibel der entscheidende Schlüssel zum Verständnis des Tuns und Wesens des Einen ist, dessen Wille der Geschichte einen letzten Sinn gibt. Die Grenze zwischen dieser Gemeinschaft einerseits und der Gesellschaft, für die die Bibel nicht bestimmend ist andererseits, ist gekennzeichnet durch den Paradigmenwechsel, den man üblicherweise Bekehrung nennt. Wie immer diese Bekehrung vor sich geht — und das kann auf ganz unterschiedliche Weise geschehen — die Angehörigen dieser Gemeinschaft leben in einer anderen Plausibilitätstruktur als ihre Zeitgenossen. Für sie ist Wirklichkeit, was für andere nur Mythen oder Illusionen sind. Daß Gottes Kraft in der Weltgeschichte wirkt, das ist für sie kein mythischer Sprachgebrauch, sondern Darstellung der Wirklichkeit. Aber sie ist es nur im Kontext einer aktiven Beteiligung am gegenwärtigen Geschehen, die dieser Erfahrung entspricht und sie beständig neu erlebt.

Der Unterschied zwischen den beiden Plausibilitätsstrukturen wird besonders deutlich dort erkannt, wo wir uns mit der christlichen Tradition von der Auferstehung Jesu beschäftigen. Die Gemeinschaft des Glaubens bekennt, daß Gott Jesus von den Toten erweckt hat und daß das Grab danach leer war. In der Plausibilitätsstruktur der »modernen Welt« sieht das dann etwa so aus: »Die Jünger hatten eine Reihe von Erlebnissen, die sie zu dem

Glauben führten, daß in gewissem Sinne Jesus noch am Leben sei und deshalb das Kreuz als Sieg und nicht als Niederlage deuteten«. Diese Erfahrung kann man als »Tatsache« hinnehmen. Menschen können ja solche psychologischen Erlebnisse haben. Wenn man das unter den »Osterereignissen« versteht, dann darf es in die Kategorie der »Tatsachen« aufgenommen werden. Aber die andere Feststellung — das Grab war leer — kann man als Tatsache nur dann hinnehmen, wenn die ganze Plausibilitätsstruktur der derzeitigen westlichen Kultur in Frage gestellt wird. Das als Tatsache hinzunehmen, hieße, daß Geschichte einen Sinn hat, den man nicht durch Fragen nach ihren Gesetzmäßigkeiten und durch Zurückgreifen auf die Vergangenheit finden kann. Es hieße, daß die ganze Ordnung von Natur und Geschichte vor eine neue Wirklichkeit gestellt wird, die ihnen einen neuen Sinn gibt. Das bedeutet einen radikalen Widerspruch zu dieser Welt, wie sie ist. Aber die Behauptung, daß das so sei, kann nur von einer Gemeinschaft erhoben werden, die sich selbst diesem Widerspruch ausgesetzt hat, die tatsächlich ihr Leben »dem Fürsten dieser Welt« aussetzt und — in der Gemeinschaft mit Jesus — die Folgen für das eigene Leben auf sich nimmt. Alles Verstehen vergangener Ereignisse ist Teil des eigenen Gegenwarts- und Zukunftsverständnisses. Alle »Tatsachen« der Geschichte werden erinnert und festgehalten, weil sie zu einer bestimmten Zeit Bedeutung hatten für die, die im heutigen Lebenskampf stehen. Wie wir die Vergangenheit verstehen, davon werden alle unsere Begegnungen mit Gegenwart und Zukunft bestimmt. Die Gemeinschaft des Glaubens feiert die Auferstehung Jesu als Grundlage für die Gewißheit, daß Gegenwart und Zukunft nicht von blinden Mächten beherrscht werden, sondern offen sind für unbegrenzte Möglichkeiten neuen Lebens. Und das deshalb, weil der lebendige Gott, der im gekreuzigten Jesus gegenwärtig war, jetzt und alle Zeit der Herr der Geschichte ist und deshalb den beständigen Kampf gegen alles, was seinen Willen leugnet oder bestreitet, sinnvoll macht.

Aus der Sicht unserer zeitgenössischen Kultur ist die Behauptung, Gott habe Jesus von den Toten erweckt, irrational. Man kann sie in der bestehenden Plausibilitätsstruktur nicht unterbringen. Das weit verbreitete Phänomen der »Religion«, von dem das Christentum als eine von vielen möglichen Varianten betrachtet wird, kann in unserer Kultur ohne Schwierigkeiten seinen Platz finden. Das geht jedoch nicht mit der Behauptung, Gott habe Jesus von den Toten erweckt. Sie muß als esoterischer Glaube einer Gemeinschaft angesehen werden, die eher in einer Scheinwelt lebt als in der Welt der Tatsachen. Nun kann die Wahrheit dieser Behauptung innerhalb der Plausibilitätsstruktur des modernen Geistes nicht bewiesen werden. Genauso wahr ist es natürlich, daß die derzeitige Dominanz dieser Plausibilitätsstruktur noch kein Beweis dafür ist, daß sie sich mit der Wirklichkeit deckt.

Aber wir können an dieser Stelle drei positive Dinge festhalten: Erstens, aus der Plausibilitätsstruktur heraus, die von der Bibel geprägt ist, ist es durchaus möglich, die Einsichten unserer Kultur anzuerkennen und zu schätzen. In dieser Beziehung gibt es zwar eine Asymmetrie wie auch zwischen den Paradigmen der Naturwissenschaft, aber keineswegs eine völlige Diskontinuität. Von einer Seite betrachtet, sieht die andere sehr irrational aus, aber von der anderen Seite gibt es eine Denkstruktur, die beides umfassen kann. Das wird das Thema unseres nächsten Kapitels sein.

Deshalb wird zweitens der Konflikt zwischen diesen beiden Sichtweisen nicht auf der Grundlage logischer Schlußfolgerung beigelegt werden können. Denn es wird sich die Anschauung durchsetzen, die — sowohl in der Theorie wie in der Praxis — die weiteste Denkstruktur anzubieten hat, die größte Fähigkeit, im gesamten Bereich der Erfahrung einen Sinn zu erkennen. Das ist sowohl eine Sache glaubenden Bemühens und opferbereiten Gehorsams als einer klaren und konsequenten Beweisführung. Es ist ein Herzstück der biblischen Sicht von der Situation des Menschen, daß der Glaubende ein Zeuge in einem (Gerichts)Verfahren ist, in dem sein Zeugnis bestritten wird. Das Urteil darüber, was richtig ist und was falsch, wird erst am Ende gefällt werden. Wer annimmt, es gebe jetzt schon eine Art rational schlüssigen »Beweises« für die eine oder die andere Position, der schätzt die Situation des Menschen falsch ein.

Und schließlich folgt daraus drittens, daß die missionarische Begegnung des Evangeliums mit der modernen Welt wie jede wirkliche missionarische Begegnung nach radikaler Umkehr ruft. Das wird nicht nur eine Bekehrung des Willens und der Gefühle sein, sondern eine völlige Sinnesänderung — ein »Paradigmenwechsel«, der die Wirklichkeit neu sehen lehrt und der — nicht auf einmal, sondern stufenweise — zur Entwicklung einer neuen Plausibilitätsstruktur führt, in der der lebendige Gott, dessen Wesen für uns auf den Seiten der Schrift »dargestellt« ist, die wirklichste aller Wirklichkeiten ist.

4.
Was können wir wissen?
Der Dialog mit der Wissenschaft

Vergleichen wir unsere Kultur mit allen vorhergehenden, dann fällt vor allem auf, daß sie — in ihrer öffentlichen Philosophie — atheistisch ist. Die berühmte Antwort von Laplace auf den Vorwurf, er habe Gott aus seinem System entfernt (»Ich brauchte diese Hypothese nicht«), könnte als Motto über unserer ganzen Kultur stehen.

Obwohl sich seit Laplaces Zeit in der Wissenschaft nun wirklich einiges geändert hat, beherrscht die in seinem System ausgedrückte Sicht der Wirklichkeit, wenn ich mich nicht irre, heute noch immer das volkstümliche Denken. Sie geht davon aus, daß die wirkliche Welt »wissenschaftlich« erklärt werden kann in der Gesetzmäßigkeit von Ursache und Wirkung, aussagbar in mathematischen Begriffen. Folgerichtig sagt Laplace: ». . . eine Intelligenz, die zu einem bestimmten Zeitpunkt alle Kräfte, die die Natur beseelen und die Zusammensetzung ihrer verschiedenen Bestandteile kannte, kann nach dem gleichen Schema die Bewegungen der größten Himmelskörper und die der kleinsten Atome erfassen; nichts bliebe ihr rätselhaft, und Gegenwart wie Zukunft lägen offen vor ihren Augen«.[1]

Wie Polanyi ausgeführt hat, wüßte ein Mensch mit dieser Art Kenntnis praktisch überhaupt nichts, denn die Kenntnis der atomaren Partikel, aus denen ein Gegenstand besteht, ist noch nicht die Kenntnis des Gegenstandes selbst. Die trügerische Macht jenes Schemas besteht darin, daß sie, so Polanyi, die unterschwellige Dimension des Wissens, ohne die Wissen ein unmögliches Unterfangen ist, unterdrückt. An Atomen und Molekülen sind wir nur deshalb interessiert, weil sie etwas zu tun haben mit der Gestalt einer Welt, die wir Menschen schon kennen und kannten, bevor wir noch irgendetwas von Physik verstanden.

Trotzdem beherrscht diese Laplace'sche Sicht von Wirklichkeit noch das allgemeine Denken. Es stützt »eine universale Tendenz, die Genauigkeit von Beobachtungen und die systematische Präzision der Wissenschaft zu erhöhen und die dabei doch die Gegenstände, auf die sie sich bezieht, aus den Augen verliert«.[2] Das führt zu der Selbsttäuschung, wir hätten etwas verstanden, wenn wir seine kleinsten Bestandteile und seine Antriebskräfte erkannt haben.

---

1. Laplace, Traité de Probabilité, VI-VII, zitiert nach M. Polanyi, Personal Knowledge, S. 140.
2. M. Polanyi, Personal Knowledge, S. 141.

Und diese Selbsttäuschung wird noch erheblich verstärkt dadurch, daß in den von unserer Kultur geprägten Gesellschaften alle Vorgänge von Herstellung, Austausch und Leitung nach diesen Prinzipien gehandhabt werden. Letzte Wirklichkeit nur mechanisch zu betrachten, wird deshalb so glaubwürdig, weil wir in einer mechanisch organisierten Welt leben.

Wir kennen die Geschichte der langen Nachhutgefechte, mit denen Theologen gegen das unaufhaltsame Fortschreiten dieses Weltverständnisses ankämpften. Punkt für Punkt hat man versucht, die Stellen auszumachen, an denen die mechanische Erklärung zusammenbrechen müsse und eine Art göttlicher Eingriff als einzige Erklärung verbliebe. Aber wir wissen nur zu gut, daß nach und nach jede Lücke geschlossen wurde und der »Gott der Lücken« sich jeweils an einen neuen vorläufigen Zufluchtsort zurückziehen mußte. Heute ist die Sinnlosigkeit dieser Strategie allgemein anerkannt, trotz gelegentlicher Bemühungen, noch einen Ort für göttliches Eingreifen im Heisenberg'schen Prinzip der Unbestimmbarkeit zu finden. Theologen und gläubige Wissenschaftler haben auch in neuerer Zeit immer noch einen modus vivendi zwischen Wissenschaft und Religion gesucht, in dem sie sie als zwei unterschiedliche Wege zur Betrachtung der gleichen Wirklichkeit darstellten. Die Erkenntnisse der Gestaltpsychologie mußten für die Beweisführung herhalten, daß — entsprechend einer unterschiedlichen Sicht gleicher Gegenstände — auch gleiche Phänomene in unterschiedlicher und ergänzender Weise so verstanden werden können, daß es zwischen ihnen keinen Widerspruch geben muß. Der gleiche Mensch kann Wissenschaftler sein und Glaubender, und er kann die gleichen Dinge auf unterschiedliche Weise betrachten, je nachdem ob er im Labor oder in der Kirche ist.

Man kann mit dieser Art friedlicher Koexistenz schwerlich zufrieden sein. Es stimmt zwar — so ein bekannter Vergleich aus Indien — daß man ein Stück Seil für eine Schlange halten kann. Aber kein vernünftiger Mensch ließe es dabei bewenden. Wollen wir nicht in einer Scheinwelt leben, werden wir nicht ruhen, bis wir herausgefunden haben, ob es sich um ein Seil oder um eine Schlange handelt. Haben wir es dann herausgefunden, werden wir auch verstehen, warum wir es je nach Betrachtungsweise für eine Schlange oder für ein Seil halten konnten. Aber wir werden uns nicht zufrieden geben, ehe wir soweit sind.

Für unseren Gedankengang heißt das, die Debatte um Wissenschaft und Religion mit der Annahme von zwei unterschiedlichen Betrachtungsweisen ist leider nur eine besondere Spielart der Einteilung in eine öffentliche Welt der Tatsachen und eine private Welt der Werte, wie ich sie bereits beschrieben habe. Diesen Konflikt gibt es natürlich nicht, wenn man Religion als etwas Mystisches betrachtet, bei dem der Gedanke der Bestimmung keine Rolle spielt. Die moderne wissenschaftliche Weltanschauung kann mit dieser Art von Religion natürlich friedlich koexistieren. Reden wir aber von Gott so, wie es die Bibel tut, als dem Schöpfer und Herrscher aller Dinge, der in bestimmter Weise handelt und dessen Bestimmung das Kriterium ist für alles Menschliche, sei es im öffentlichen oder im privaten Bereich, dann ist der Konflikt unausweichlich. Lebt jeder Mensch für die Freude ewiger Gemeinschaft mit Gott, und muß er mit der Möglichkeit rechnen, sie zu verfehlen und den Preis zu verwirken — ja oder nein? Wenn ja, dann gehört das in den Grundlehrstoff jeder Schule. Dann genügt es nicht mehr zu sagen, die Formung des Charakters durch die Struktur des DNS-Moleküls ist eine Tatsache, die jedes Kind wissen muß, aber die Ansicht, daß alle wirklichen menschlichen Ziele auf die Herrlichkeit Gottes zulaufen, kann beliebig angenommen oder abgelehnt werden. Man kann der Frage, welches die wirkliche Welt ist, nicht einfach ständig ausweichen. Es kann keine wahrhaft missionarische Begegnung des Evangeliums mit unserer Kultur geben, wenn wir uns diesen Fragen nicht stellen. Denn es steht doch außer Frage, daß für den durchschnittlich gebildeten Menschen in unserer Gesellschaft die wirkliche Welt nicht die Welt der Bibel ist, sondern eine Welt, die erklärt werden kann, die auch immer mehr erklärt wird, ohne daß man dabei von der Annahme eines Gottes ausgehen müßte.

Trotz der gewaltigen Veränderungen in der Physik unseres Jahrhunderts wird die Welt der Wirklichkeit bei den durchschnittlichen Menschen unserer Kultur immer noch unter dem Wissenschaftsverständnis Newtons gesehen. Dessen wesentliche Kennzeichen sind etwa diese: Es gibt einen unendlichen Weltraum, der in sich ruht; er besteht und wird bestehen ohne Anfang und Ende. In diesem Raum bewegen sich Körper, die sich nach den Gesetzen von Trägheit und Schwerkraft ständig aus der Distanz gegenseitig beeinflussen. Alles Bestehende setzt sich aus solchen Körpern zusammen, die außerordentlich klein, aber nichts desto weniger wirklich und endlich sind — seien es Moleküle, Atome, Elektronen oder sonst etwas. Das ist die wirkliche Welt. Es wird deutlich, daß sie viele der Qualitäten hat, die man normalerweise Gott zuschreibt — Unendlichkeit, Ewigkeit, absolute Ruhe. Jedenfalls wird das für die wahre Welt gehalten. Über sie haben wir verläßliches Wissen, mit ihr können wir umgehen und wissen, womit wir zu rechnen haben.

Nun wissen wir auch, daß sich diese Sicht der Wirklichkeit durch eine ganze Reihe von Entwicklungen in den letzten 100 Jahren drastisch gewandelt hat. Dazu sind Clark Maxwells Magnetfeldtheorie, Einsteins besondere und allgemeine Relativitätstheorie, die Quantenphysik und die jüngsten Entdeckungen über die Grundstruktur der Materie zu rechnen. Die neue Physik unterscheidet sich so sehr von der alten, daß die von der alten Physik geprägten Menschen die neue nicht mehr erfassen können, es sei denn durch langes und gründliches Einüben. Als Nicht-Naturwissenschaftler kann ich hier nur sehr vorsichtig vorgehen. Aber es gibt ein paar Dinge, die auch ein naturwissenschaftlich ungebildeter Theologe begreifen kann. Das Universum ist nach dem Verständnis der modernen Physik weder unendlich noch ewig. Es hat ein berechenbares Alter und bewegt sich nach dem Zweiten Gesetz der Thermodynamik unerbittlich auf die totale Entropie zu, in der nichts übrig bleibt, was man noch Materie nennen könnte. Raum und Zeit sind nicht länger zwei unterschiedliche Formen von Unendlichkeit, sondern Raum-Zeit ist eine einzige endliche Größe — der »Verkrümmung« unterworfen, mit einem von heute aus berechenbaren zeitlichen Beginn und ebenso mit einem völligen Ende ihrer Existenz. An diesem Ende, der sogenannten Singularität, gibt es keine Raum-Zeit-Dimension mehr, und auch die Gesetze der Physik gelten dann nicht mehr. Dann gibt es auch keinen »absoluten Standpunkt« mehr, von dem aus das Universum betrachtet werden könnte. Alle Punkte sind aufeinander bezogen, und es gibt nur eine einzige Absolute, nämlich die Lichtgeschwindigkeit. Darüber hinaus hat die Arbeit an der Grundstruktur der Materie eine Welt eröffnet, wo Größen, die man kaum noch als »Dinge« im normalen Sinn bezeichnen kann, nach Prinzipien funktionieren, die in mechanischen Begriffen nicht mehr zu beschreiben sind. Nach modernem physikalischem Verständnis kann man die meisten Grundelemente in der Atomstruktur nicht mehr wahrnehmen. Leptonen und Quarks, Müonen und Photonen sind nicht mehr Materieteilchen in irgendeinem vorstellbaren Sinn. Aber auch Antimaterie kann man nicht irgendwie sichtbar machen. »Materie ist eine Sache wechselnder Beziehungen zwischen nichtmateriellen Größen«.[3] Weder die organischen Vorstellungen antiker griechischer Wissenschaft noch die mechanischen Modelle Newton'scher Wissenschaft können weiterhin Gültigkeit beanspruchen. Die einzig brauchbare Sprache ist die der Mathematik in einer immer schwerer verständlichen Form. Und nicht einmal mehr die Mathematik kann uns ein absolut sicheres Gedankengebäude liefern, denn — nach den niemals widerlegten bekannten Gödel'schen Theorien — gibt es innerhalb dieses streng logischen mathematischen Systems Behauptungen (oder Fragen), die man von den Axiomen innerhalb dieses Systems her weder belegen noch widerlegen kann. Infolgedessen ist es ungewiß, ob nicht die Grundaxiome der Arithmetik auch Widersprüche entstehen lassen. Hier sind wir weit weg von der Welt Newtons. Und doch bestimmt Newtons Sicht noch weitgehend unsere Kultur, ihre Denkweisen ebenso wie ihre Gestaltung des öffentlichen Lebens.

An diesem Punkt hilft es weiter, wenn wir uns zwei Elementen in der Geistesgeschichte seit dem Entstehen der modernen Wissenschaft zuwenden. Zum einen haben sich sowohl die Wissenschaft wie die Theologie in den vergangenen Jahrzehnten im Hinblick auf die Diskussion der Kosmologie sehr zurückhaltend gezeigt. Die Theologie hat sich zurückgehalten, weil sie sich am allgemeinen Rückzug der Religion in den privaten Bereich beteiligt hat. Sie war bereit zur Diskussion über Zeit und Geschichte, weil das menschliche

3. W.H. Thorpe, Purpose in a World of Chance: A Biologist's View, S. 111.

Leben so eng mit der Zeit verbunden ist; aber sie war nicht am Raum interessiert. Wie wir sahen, führte sogar ihre Geschichtsdiskussion zu einer Art besonderer Heilsgeschichte, losgelöst von der sogenannten wissenschaftlichen Geschichte, die sich auch mit Ereignissen im Raum beschäftigt. Theologie wurde mehr und mehr zur Anthropologie, oder gar zur Psychologie. Aber auch die Naturwissenschaft ist bis vor kurzem der Kosmologie aus dem Weg gegangen in der Befürchtung, in methaphysische Fragen hineinzugeraten, auf die die traditionelle Physik keine Antwort hat. Aber der Fortschritt der Astrophysik hat sie heute bis an die Grenzen des Universums getragen und zwingt sie, sich kosmologischen und damit letztlich methaphysischen Fragen zu stellen. Physik ist somit also eine neue Herausforderung an die Theologie, ihre private Enklave zu verlassen und zu sagen, was sie über die Welt zu sagen hat, über die *eine* endliche Größe, die die Physiker Raum-Zeit nennen und in der man nicht mehr eine »spirituelle« Welt der Zeit von einer »materiellen« Welt des Raumes trennen kann.

Zum anderen haben die Historiker beim Studium von Ursprung und Entwicklung moderner Wissenschaft zu fragen gelernt, warum die alten Chinesen, Inder, Ägypter und Griechen mit ihrem großartigem intellektuellem Können trotz ihrer Errungenschaften sowohl bei der Beobachtung als auch in der reinen Theorie niemals eine dynamische, sich selbst weiter entwickelnde Wissenschaft wie in der modernen Zeit zustande gebracht haben.[4] Man hat sehr einleuchtend argumentiert, daß der entscheidende Faktor in der biblischen Sicht der Welt liegt. Danach ist die Welt sowohl rational als auch kontingent. Auf eine Kurzformel gebracht, kann man sagen: Wissenschaft ist nicht möglich, wenn die Welt nicht rational ist; Wissenschaft ist nicht nötig, wenn die Welt nicht kontingent ist.

Ich möchte das weiter ausführen: Auf der einen Seite wäre es unmöglich, Wissenschaft zu treiben, gäbe es im Universum nicht das Prinzip der Rationalität. Geschähen Messungen in einem Labor völlig isoliert und würden nicht mit anderen Messungen einsichtig in Zusammenhang gebracht, wäre das ganze Unternehmen sinnlos. Doch in Wirklichkeit wird ein Wissenschaftler sich angesichts einer offensichtlichen Irrationalität nicht einfach damit abfinden und auch nicht seine Zuflucht bei dem Gedanken eines willkürlichen göttlichen Eingreifens suchen. Er wird sich weiter um eine rationale Erklärung bemühen, nach der Fakten aufeinander bezogen werden können, oder um ein Schema oder eine mathematische Formel, die sie logisch miteinander verbinden kann. Es ist ein zutiefst leidenschaftliches Bemühen, ausgehend von der Annahme, daß es eine Lösung geben muß, auch wenn man noch nicht sagen kann, wie sie aussieht. Ohne diesen leidenschaftlichen Glaubens an

4. E.G. Stanley Jaki, Science and Creation (1974); The Road of Science and the Ways to God (1978).

die letzte Rationalität der Welt würde die Wissenschaft stocken, stagnieren und sterben — wie bereits geschehen. So aber wird die Wissenschaft getrieben in ihrem Suchen nach einem Verständnis dessen, was sie sieht, durch einen Glauben an das, was unsichtbar ist. Die Formel »credo ut intelligam« ist Grundlage aller Wissenschaft.

Aber — und das ist der andere ebenso wichtige Faktor — Glaube an die Rationalität des Universums wäre keine Triebkraft für die Wissenschaft ohne die gleichzeitige Überzeugung, daß das Universum nicht notwendig da sein muß, sondern eine Möglichkeit (Kontingenz) ist. Indische Metaphysik hat sich völlig der Rationalität des Universums verschrieben, aber es als notwendig verstanden — Teil des ewigen Zyklus von Evolution und Involution, von Werden und Sterben. Das Universum ist danach die Emanation des Brahma, nicht die Schöpfung eines persönlichen Gottes. Seine letzten Geheimnisse sind deshalb nur in den Tiefen der Seele des Menschen zu entdecken, wo sie in direktem Kontakt mit der Seele des Kosmos steht. Diese Entdeckung beruht nicht auf einer übergenauen Beobachtung empirischer Phänomene und sorgfältiger Experimente, mit denen man die Theorie anhand von Beobachtungen prüft. Wissenschaft im Sinne dessen, wie sie sich in unserer Kultur entwickelt hat, ist danach nicht unmöglich, aber sie ist unnötig. Folgerichtig hat sich in den großen Kulturen Chinas, Indiens und Ägyptens trotz ihrer großartigen intellektuellen Kräfte, die sie entwickelt haben, Wissenschaft im modernen Sinn nicht entwickelt. Und auch Griechenland, das näher als jede andere antike Kultur an der Entwicklung einer lebensfähigen Wissenschaft war, hat es nicht geschafft und fiel in die antike Vorstellung eines zyklischen Universums zurück — die vorherrschende Glaubensform in einer Welt, die rational, aber nicht kontingent ist. Eine weit entwickelte Wissenschaft kann, wie wir an modernen Beispielen sehen können, innerhalb dieser Art monistischer Weltanschauung friedlich existieren, wo das Universum als notwendige Form einer immanenten Rationalität gesehen wird; aber solch eine Weltanschauung kann nicht, so scheint es, eine sich selbst weiterentwickelnde Wissenschaft hervorbringen. Sie kann mit ihr koexistieren, aber sie kann sie nicht schaffen. Die notwendige Vorbedingung für das Entstehen einer Wissenschaft, wie wir sie verstehen, ist anscheinend die Verbreitung durch eine Gesellschaft, die daran glaubt, daß das Universum sowohl rational als auch kontingent ist. Solch ein Glaube ist Voraussetzung moderner Wissenschaft und kann nicht durch begreifliche Schlußfolgerung Ergebnis der Wissenschaft sein. Zu fragen ist: Worauf gründet dieser Glaube?

Ich hoffe, daß der Sinn dieser beiden Abstecher in die Geschichte der Wissenschaft im folgenden deutlich wird. Als erstes ist festzustellen: Was man den »methodologischen Atheismus« der modernen Wissenschaft nennen könnte, war eindeutig der Schlüssel für seinen verblüffenden Erfolg. Er war und ist Teil des Erkennens der Kontingenz in der Natur der Dinge. Solange wissenschaftliches Denken von der Vorstellung perfekter Zahlen und perfekter Kreise gesteuert wurde oder vom Konzept des zweckbestimmten Organismus (und beide waren Erben der alten griechischen Wissenschaft) — oder anders: solange es von der Idee einer völlig immanenten Rationalität gesteuert wurde — konnte der Durchbruch moderner Wissenschaft nicht gelingen. Das war nur möglich aufgrund einer festen Entschlossenheit, die Phänomene zu untersuchen und ihnen sozusagen zu erlauben, für sich selbst zu sprechen. Aber umgekehrt kann man leicht sehen, daß eine rein mechanistische Sicht vom tiefsten Wesen der Dinge ebenso gewiß zur Fessel für die Weiterentwicklung wirklicher Wissenschaft würde. Und wir haben gesehen, wie die neuen Erkenntnisse der Physik dieses Jahrhunderts diese mechanistische Vision, eigentlich jede Form immanenter Rationalität, als nicht plausibel erwiesen haben. Die Physik der Gegenwart hat das Universum als endlich und deshalb kontingent erkannt. Sie erkennt die Grenzen an, jenseits derer die eigenen Axiome nicht mehr gelten, und auch das ist wieder ein Erkennen von Kontingenz. Und in den Gödel'schen Theoremen wird erkannt, daß selbst die Mathematik nicht aus absoluten und ewig notwendigen Wahrheiten besteht, sondern daß auch sie ein Element der Kontingenz in sich trägt.

Darüber hinaus ist deutlich geworden, daß selbst unendlich kleine Abweichungen im Urknall, den Kosmologen als Ursprung unseres Universums ansehen, eine Welt hervorgebracht hätten, in der bewußtes Leben nicht vorkommt. Mit anderen Worten, unsere ist nur eine unter Billionen möglicher Welten, jede von ihnen gleichermaßen rational. Von daher stammt das sogenannte anthropische Prinzip. In seiner schwachen Form stellt es fest, daß wir im Universum eine unbedingt bevorzugte Stellung einnehmen, bis dahin, daß wir uns sogar als Beobachter sehen können. Und in seiner starken Form stellt es fest, daß das Universum so geschaffen sein muß, daß es die Entstehung von Beobachtern in sich zuläßt. In beiden Formulierungen sehen wir den Versuch, eine immanente und notwendige Rationalität für einen Sachverhalt zu beanspruchen, der eigentlich radikale Kontingenz nahelegt. Soweit es die Physik uns sagen kann, könnte es Billionen anderer Universen geben; aber es gibt, wenigstens für uns, nur dieses eine. Wir besitzen nicht das Urteilsvermögen, das uns zeigen könnte, es müsse gerade diese eine sein, es sei denn, wir wollten ausgehen von der Annahme, unser Bewußtsein sei das Maß aller Dinge.

Diese neuen Entwicklungen in Physik und Kosmologie eröffnen den Weg für einen wirklichen Dialog zwischen Glaubenden und Wissenschaftlern, wie er während der Zeit, in der das mechanistische Modell die Physik dominierte, nicht möglich war. Doch unsere missionarische Aufgabe erweist sich nun deshalb als schwieriger, weil andere Wissenschaftsbereiche immer noch weitgehend von mechanistischen Modellen bestimmt werden. So kann man z.B. den seltsamen Vorgang beobachten, daß genau zu der Zeit, als die mechanischen Denkmodelle in der Physik überholt waren, die Biologen sich von früheren vitalistischen Theorien trennten und nun die Erscheinungen des pflanzlichen und tierischen Lebens in mechanistischen Begriffen zu beschreiben suchten — und das, obwohl sogar sehr niedrige Lebewesen ihre Fähigkeit zum Erkennen und zum Lösen von Problemen, also zum zweckbestimmten Verhalten, ausführlich demonstrieren. F.H.C. Crick, dessen Entdeckung des DNS-Moleküls eine so tiefe Auswirkung auf das allgemeine Verständnis vom Wesen des Lebens hatte, soll gesagt haben: »Das letzte Ziel der modernen Bewegung in der Biologie ist allerdings die Interpretation aller Biologie in den Begriffen von Physik und Chemie.«[5] Zweifellos ist diese rückschrittliche Denkweise weit verbreitet. Doch wie absurd sie offensichtlich ist, zeigt sich daran, daß nicht einmal eine Maschine durch die chemische und physikalische Analyse ihrer Bestandteile wie Räder, Gestänge und Rollen wirklich erklärt wird. Man kann die Funktion zeigen, die jedes Teil im Gesamtzusammenhang wahrnimmt, aber es wäre doch absurd zu sagen, wir hätten die Maschine als ein Ganzes »erklärt«, wenn wir keine Ahnung davon haben, zu welchem Zweck sie erdacht und gebaut wurde. Sie ist erklärt, wenn man verstanden hat, wozu sie bestimmt ist. Und Biologen haben gezeigt, daß die Entdeckung der physikalischen Basis des genetischen Code im DNS-Molekül den Ursprung des Lebens noch lange nicht erklärt, ihn eigentlich noch geheimnisvoller macht. Selbst wenn wir annehmen, der genetische Code sei das Zufallsprodukt natürlicher Auswahl, ist er doch solange ohne biologische Funktion, bis er übertragen ist, und der Mechanismus dieser Übertragung hängt von Komponenten ab, die selbst Produkte der Übertragung sind. Der Wahrscheinlichkeitsgrad dafür, daß das aus Zufall geschieht, ist nahe null, so daß sogar Crick ernsthaft die Ansicht geäußert hat, Leben könnte auch von irgendeinem anderen Teil des Weltraums auf diesen Planeten übertragen worden sein.[6] Das alles stellt natürlich keineswegs die enorme Bedeutung solcher Entdeckungen physikalischer und chemischer Voraussetzungen für die Existenz von Leben in Frage. Es bestreitet lediglich, daß die Kenntnis solcher Voraussetzungen zu einer Erklärung führt.

Ähnlich sind die enormen Fortschritte unserer Kenntnis von Struktur und Funktion des Gehirns zur Verbreitung der Vorstellung benutzt worden, daß nicht wirklich existiere, was wir für unseren Geist und Sinn (our minds) halten. Was wir als unser eigenes geistiges Leben erfahren, könne vollständig »erklärt« werden als das Zusammenwirken von annähernd 10 Billionen elektrischen Schwingungen in der Großhirnrinde, deshalb könne man im Prinzip einen elektronischen Computer bauen, der in seiner mentalen Tätigkeit dem Menschen vergleichbar sei. Auch hier wieder heißt Widerspruch dagegen

5. Aus: Of Molecules and Men (1966), zitiert bei A.R. Peacocke, Creation and the World of Science, S. 118.
6. Zitiert bei Thorpe, Purpose in a World of Chance, S. 26.

nicht, den großen Nutzen unserer wachsenden Kenntnis physikalischer Voraussetzungen des geistigen Lebens in Frage zu stellen. Gezeigt werden soll lediglich, daß es ins Absurde führt, wenn man die Kenntnis dieser Voraussetzungen für eine Erklärung hält. Man kann die Absurdität zum Beispiel so feststellen: Wie immer wir unseren jeweiligen geistigen Zustand erklären wollen, wir wissen, daß wir ihn haben. Ich denke, daß ich existiere. Ist diese Vorstellung nur eine Serie elektrischer Impulse in meinem Gehirn, muß die Fähigkeit des Gehirns zur Produktion dieser Impulse Ergebnis einer Entwicklung durch natürliche Auslese sein. Wenn nun die Vorstellung, ich könne aus eigener Willenskraft die Wirkung dieser Impulse beeinflußen, eine Illusion ist, kann das Vorhandensein dieser Vorstellung keine Auswirkung haben auf die physikalischen und chemischen Vorgänge. Deshalb kann es auch keine Auswirkung auf die natürliche Auslese haben. Darum ist die Existenz dieser Illusion ein unerklärtes Geheimnis, denn sie kann nicht aus einer natürlichen Auslese entstanden sein. Die »Erklärung« kann nichts erklären.

Jeder kennt den Unterschied zwischen einer Bewegung seiner Hand, die er bewußt und zu einem bestimmten Zweck ausführt, und einer Bewegung, die durch Anbringung elektrischen Stroms aus einer Batterie an dem entsprechenden Nerv hervorgerufen wird. Der Hinweis darauf, daß das nicht das gleiche ist, sieht wie Zeitverschwendung aus, denn wir kennen doch sehr gut den Unterschied zwischen einer bewußten Handlung und einem unfreiwilligen Reflex. Dennoch ist die Macht der mechanistischen Vorstellung so groß, daß sich im Denken unserer Kultur die Idee fortgesetzt hat, »Erklärung« müsse in ihrer Begrifflichkeit geschehen, und es sei »unwissenschaftlich«, wenn man Verhalten erklärt als bewußte Handlung eines Menschen, der verstehen und eine Bestimmung akzeptieren kann.

Auch die Wissenschaften, die sich mit dem menschlichen Verhalten in der Gesellschaft befassen, sind außerordentlich stark vom mechanischen Modell beeinflußt. Das Newton'sche Muster hat Wirtschafts- und Sozialwissenschaftler zu dem Versuch verleitet, analog den Gesetzmäßigkeiten der klassischen Physik Gesetzmäßigkeiten zu formulieren, von denen her Aussagen für die Zukunft gemacht werden könnten. Legionen von Experten werden in Staat und Wirtschaft angestellt in der Annahme, daß zukünftiges Verhalten von Menschen in ihren Rollen als Verbraucher, Produzenten und Bürger vorausgesagt und deshalb durch Änderung der Umstände auch gesteuert werden könne. Die jüngsten Errungenschaften in der Computertechnologie haben eine weitere Entwicklung zu noch ehrgeizigeren Projekten der Futurologie in die Wege geleitet. Der Nachweis ist nicht schwer, daß einerseits eine solche Vorhersage theoretisch unmöglich ist — allenfalls in einem sehr geringen Ausmaß — und daß andererseits ihre Mißerfolge offensichtlicher sind als ihre Erfolge[7].

---

7. S. MacIntyre, After Virtue, S. 84-102.

Nimmt man den einzigartigen und weitestreichenden Wandel in der Geisteswelt dieses Jahrhunderts, der mit dem Namen Einsteins verbunden ist, so ist die Vorstellung, das hätte im Jahr 1850 vorausgesagt werden können, nicht nur unmöglich, sondern auch absurd, denn was man voraussagt, kann man auch schon erreichen. Ich wiederhole: was immer mechanische Modelle in Wirtschaft oder Soziologie nützen können, so können sie doch keinesfalls eine Erklärung für menschliches Verhalten liefern, geschweige denn es voraussagen.

Im ersten Kapitel war von dem charakteristischen Zwiespalt zwischen einer öffentlichen Welt der »Tatsachen« und einer privaten Welt der »Werte« die Rede. In diesen letzten Abschnitten wurde die Welt der Fakten, weitgefaßt als Welt materieller Größen, die nach einer Gesetzmäßigkeit mechanischer Art funktionieren, beschrieben. Dieser Welt der Fakten entspricht eine Art Wissen, das sich selbst als objektiv und unpersönlich versteht, ein Wissen, mit dem der Wissende kein persönliches Risiko eingeht. Das kann man einfach feststellen, wenn man die Art und Weise betrachtet, in der dieses Wissen durch Lehrpläne in den Schulen vermittelt wird. Die Aussagen eines Physik-, Biologie- oder Wirtschaftslehrbuchs werden normalerweise nicht mit den Worten »ich glaube« oder »wir glauben« begonnen, so wie die Glaubensaussagen der Kirche. Diese letzteren schließen allerdings eine persönliche Verpflichtung ein; daraus folgt auch die Möglichkeit, nicht zu glauben. Die Aussagen in einem wissenschaftlichen Lehrbuch (und hier sind solche wissenschaftlichen Arbeiten gemeint, die an der Grenzlinie neuer Entdeckungen geschrieben werden, wo wissenschaftliche Erkenntnis in ihrem wahren Wesen deutlich wird) sind in der dritten Person geschrieben, und niemand käme auf den Gedanken, daß der Autor damit etwas riskiert. Hier haben wir es nicht mit persönlichen Meinungen, sondern mit Tatsachen zu tun.

An diesem Punkt berühren wir das Herzstück unserer Kultur, nämlich das Ideal von einem Wissen sogenannter »Tatsachen«, ein Wissen, das man für vollkommen unabhängig vom persönlichen Engagement des Wissenden hält. »Tatsache«, sagt Alasdair MacIntyre »ist in der modernen westlichen Kultur ein Volksbegriff mit einem aristokratischen Ahnherrn«.[8] Der gemeinte Aristokrat war Lord Bacon, der seinen Zeitgenossen empfahl, der Spekulation abzuschwören und Tatsachen zu sammeln. Mit Spekulation meint er die Anschauung von Aristoteles, die Dinge müßten von ihrem Ende oder von ihrer Bestimmung her verstanden werden. Das lehnte Bacon ab. Die Bewegung, die seinem Aufruf folgte, war nicht die Bewegung einer Menge Schwätzer, die nun alles sammelten, was sinnlos und zufällig irgendwo herumlag. Die Bewegung erhielt ihre äußere Form — wie jede vernünftige Bewegung eine Form haben muß — von einem anderen spekulativen Rahmen her, nämlich von der An-

8. ebenda, S. 76.

schauung, die Dinge müßten von ihren Ursachen her verstanden werden. Die so verstandenen »Tatsachen« sind »wertfrei« insofern, als die Vorstellung eines Wertes an ein Ende oder eine Bestimmung gebunden ist, für das die fragliche Sache geeignet ist oder nicht. Diese Anschauung ist der Nährboden für das, was Macintyre den Volksbegriff der »Tatsachen« nennt, der das Bewußtsein des modernen westlichen Menschen beherrscht. Dementsprechend gibt es eine Welt der Fakten als die wirkliche Welt, eine nüchterne Welt, in der menschliche Hoffnungen, Wünsche und Ziele keinen Platz haben. Tatsachen sind Tatsachen, und sie sind wertfrei. Der persönliche Glaube und die Werturteile dessen, der sich mit ihnen beschäftigt, kommen dabei nicht vor. Sie haben ihren Platz anderswo, in dem Bereich nämlich, wo sich persönliche Ansichten, Geschmack und Überzeugungen jedes Einzelnen in einer pluralistischen Gesellschaft frei entfalten können. Der Autor eines wissenschaftlichen Lehrbuches braucht die Formel »ich glaube« nicht zu benutzen, denn die Fakten sind ja da, ob man sie glaubt oder nicht. Die Wissenschaft befreit den einzelnen also von der Verantwortung der Entscheidung, ob er sich zur Wahrheit ihrer Aussagen stellen will oder nicht. Sie sind einfach Fakten.

Und doch wird dieser Volksbegriff von einer »Welt der Fakten« durch die Praxis der Wissenschaft widerlegt. Im Grenzbereich der Forschung müssen Wissenschaftler die schwierige Entscheidung treffen, ob sie sich für eine neue Fragestellung einsetzen sollen oder nicht. Sie müssen entscheiden, welchen Problemen nachzugehen sich lohnt und welchen nicht. Sie müssen Werturteile treffen und brauchen dazu eine klare Sicht von der Bestimmung, von Ziel und Zweck wissenschaftlichen Wirkens. Die Entscheidung kann den Wissenschaftler voranbringen oder zurückwerfen. Und in seinem intensiven geistigen Ringen wird der Wissenschaftler gehalten durch sein leidenschaftliches Interesse an der Lösung des Problems, das anzugehen er sich entschieden hat. Sein Wagnis ist nicht wertfrei: es ist voll und ganz durchdrungen vom Einsatz für das Ziel (purpose). Und selbst der dürftigste Schüler, damit sind wir wieder bei den Schulbüchern, engagiert sich zu Beginn seines Studiums der Physik für ein zweckbestimmtes (purposeful) Handeln. Die in seinem Lehrbuch beschriebenen Tatsachen prägen sich seinem Gedächtnis nicht von selbst ein. Sie müssen in einem mühsamen Lernprozeß, in dem das erforderliche Können zum Gebrauch von Worten, Gedanken und Apparaten anzueignen ist, begriffen werden. Und das alles ist nur möglich, wenn es vorher einen Akt des Glaubens gibt. Es muß geglaubt werden, daß sich das Unternehmen lohnt, daß die von früheren Wissenschaftlern entwickelten Methoden zuverlässig sind und daß der Lehrer sie fachkundig erläutern kann.

So können wir nun deutlich den Riß erkennen, der durch unsere Kultur geht. Wir beschäftigen uns zwar mit zielgerichteten Tätigkeiten, und wir beurteilen uns und andere nach dem Erfolg, mit dem wir die selbstgesteckten Ziele erreichen. Und doch lassen wir als Endprodukt unseres zielgerichteten Handelns ein Weltbild zu, aus dem jegliche Bestimmung (purpose) eliminiert ist. Bestimmung macht Sinn bezogen auf unser eigenes Selbstverständnis, aber man gibt ihm keinen Platz in unserem Verständnis der Welt der Fakten. Dieser Widerspruch wird vielleicht am deutlichsten, wo man Sozialwissenschaften auf die öffentliche Verwaltung anwendet. Ein Sozialwissenschaftler glaubt, er könne menschliches Verhalten verstehen und darum vorhersagen und lenken aufgrund einer wertfreien wissenschaftlichen Gesetzmäßigkeit, d.h. einer Gesetzmäßigkeit, die ohne Urteil darüber auskommt, was für den Menschen gut ist. Wenn nun ein solcher Sozialwissenschaftler zum Beamten berufen wird, wird er seine Fähigkeiten nur dann in den Dienst des Staates stellen können, wenn er sie zum Erreichen bestimmter Ziele einsetzt mit einer Freiheit, die seine Wissenschaft denen bestreitet, für die er arbeitet. Der Manipulator gesteht sich selbst die Fähigkeit zweckbestimmter und zielgerichteter Handlungen zu, die er den Manipulierten abspricht. Und wenn seine Ziele in Frage gestellt werden, dann gibt es kein allgemein anerkanntes System von »Tatsachen«, nach dem sie bewertet werden können, denn Tatschen sind wertfrei. So hängt dann alles von der Geschicklichkeit und Durchsetzungskraft der verschiedenen Manipulatoren ab. Geht man hin und fragt, mit welchen Kriterien der Manipulator die Richtung bestimmen kann, in die menschliches Verhalten zu lenken ist, wird keine Antwort genügen, die nur herkömmliche moralische Werte zitiert. Denn diese beruhen ja schließlich auf einer anderen (und älteren) Weltanschauung und haben keinen Rückhalt an »Tatsachen«. Natürlich sind die meisten Wissenschaftler immer noch von ihren überkommenen Wertvorstellungen beeinflußt; aber wenn sie wirklich ganz konsequent sein wollen, können diese wissenschaftlichen Manipulatoren solchen Werten keine entscheidende Bedeutung mehr beimessen. Wenn sie aber eliminiert sind, von wem wird des Wissenschaftlers Urteil dann gelenkt? Das kann dann nur das jeweils stärkste Element in seiner geistigen und emotionalen Verfassung sein. Der Manipulator, der »Bestimmung« aus der Kategorie von »Tatsachen« ausschließt, überläßt das Steuer den jeweils überwiegenden Kräften in seiner eigenen Persönlichkeit. Die Unterwerfung der Natur durch den Menschen verkehrt sich in die Unterwerfung des Menschen durch die Natur.

Wieder sind wir, diesmal von einer anderen Seite, auf den Zwiespalt gestoßen, der durch unsere Kultur zwischen den privaten und den öffentlichen Bereichen läuft, einem öffentlichen Bereich mit seinem Selbstverständnis im Rahmen von Ursache und Wirkung, und einem privaten Bereich, in dem Bestimmung und deshalb Werturteile noch ihren Platz haben. Wie bereits betont, können wir es nicht hinnehmen, daß christlicher Glaube allenfalls eine mögliche Entscheidung für den privaten Sektor sein darf. Wir können es nicht bei einer friedlichen Koexistenz zwischen Wissenschaft und Religion auf Grund einer Zuweisung ihrer Einflußbereiche jeweils in den öffentlichen und den privaten Sektor bewenden lassen. Wir können unser Leben nicht fortwährend in zwei unterschiedlichen Bereichen leben. Wir können nicht dauernd die Frage vor uns herschieben: was ist wirklich die Wahrheit über die Welt?

Für eine missionarische Begegnung mit unserer Kultur müssen wir uns unmittelbar vor deren zentrale Festung begeben. Das ist der Glaube, die wirkliche Welt — also die Wirklichkeit, mit der wir es zu tun haben — sei in den Kategorien von wirkenden Ursachen (efficient causes) zu verstehen. Dieser Irrglaube wurzelt in den ungeheuren Errungenschaften wissenschaftlicher Methoden und hat — in zwar begrenztem, aber doch steigendem Ausmaß — unserem politischen, wirtschaftlichen und gesellschaftlichen Leben seine Form gegeben. Danach wird die Welt nicht von einer erkennbaren Bestimmung her regiert und ist deshalb eine Welt, in der die Frage nach dem Guten der privaten Meinung jedes einzelnen Menschen überlassen bleibt, statt in das Gefüge der anerkannten Tatsachen, von denen das öffentliche Leben bestimmt wird, integriert zu werden. Wir müssen zurück zu dem Punkt, an dem Lord Bacon seinen Anhängern empfahl, Tatsachen zu sammeln, der Spekulation abzuschwören und genau danach zu fragen, was es heißt, Tatsachen zu erkennen.

Erkennen ist die Anwendung einer Fähigkeit, die man erst erlernen muß. Das geschieht im Gehorsam gegen die Autorität von Eltern, Lehrern und erfahrenen Menschen, durch Hören auf das, was sie sagen, auch wenn es manchmal schwer fällt. Es ist zielgerichtetes Handeln, das uns manchmal gelingt und manchmal nicht. Es ist kein mechanischer Prozeß. Tatsachen prägen sich unserem Hirn nicht von selbst so ein, wie man Bilder von Gegenständen auf eine photographische Platte bannen kann.

Bei fortschreitendem Lernen wird unser Erkennen von bewußter Wahrnehmung übergehen in eine Art von Wissen, dessen wir uns nicht direkt bewußt sind. Wer lesen lernt, muß zunächst einmal auf die genaue Form der Buchstaben achten. Darüber braucht man sich jedoch mit der Zeit keine Gedanken mehr zu machen und geht über zum Erkennen von Worten. Später bleibt man dann auch nicht mehr beim einzelnen Wort hängen, sondern fügt es in die Bedeutung ganzer Sätze und Abschnitte ein. Gebrauchen wir ständig verschiedene Sprachen, behalten wir wohl den Inhalt eines Abschnittes und können die Sprache vergessen. Unser ganzes Wissen hängt von der Kenntnis von Buchstaben und Wörtern ab; doch beim Lesen werden wir uns dieser Kenntnis nicht bewußt. Polanyi führt dies als ein Beispiel für die unterschwellige Komponente des Erkennens, wie er es nennt, an. Wir können brennpunktartig auf die Bedeutung eines Abschnittes achten, weil wir unterschwellig die Zeichen auf dem Papier und die einzelnen Worte wahrnehmen. Beim Lesen der Korrekturfahnen eines Buches hingegen beachten wir brennpunktartig die Worte auf dem Papier, während wir nur unterschwellig die Bedeutung des Ganzen aufnehmen.[9]

---

9. Polanyi, Personal Knowledge, besonders S. 95-100

Ein sehr großer Teil unseres Wissens ist unterschwellig und kann nicht durch Erläuterungen von Einzelheiten vermittelt werden. Ich kann meine Frau aus einer Menge von tausend Menschen heraus unmittelbar erkennen, aber ich könnte sie nicht so beschreiben, daß jemand anders sie genau so schnell erkennen könnte. So gesehen weiß ich viel mehr, als ich in Worte fassen kann. Es gibt Millionen von Menschen, deren Gesichter die gleiche Form und die gleiche Farbe haben, und doch könnte ich keinen von ihnen mit meiner Frau verwechseln. Aber das ist nicht mit den einzelnen Maßen ihrer Nase, ihres Kinns usw. zu erklären. Hier haben wir ein sehr deutliches Beispiel für unsere Fähigkeit, ein Ganzes zu erkennen, das aus vielen Details besteht. Wenn wir uns auf ein Muster konzentrieren, werden wir nur unterbewußt auch seine einzelnen Bestandteile wahrnehmen, aber eine völlige Kenntnis der Details würde uns an sich noch nicht das ganze Muster erkennen lassen. Darum habe ich gesagt, daß ein Mensch, der nach Laplaces Kategorien für perfektes Wissen eigentlich alles weiß, tatsächlich nichts weiß; denn die kleinsten Bestandteile einer Größe zu kennen, bedeutet ja noch nicht die Kenntnis des Ganzen, es sei denn, wir kennen auch sein Muster, und unsere Kenntnis von Mustern ist viel größer, als man in Worten ausdrücken kann. Darum kann Laplaces Ideal, das noch einen so bestimmenden Einfluß auf das allgemeine Verständnis von Wissenschaft ausübt, nur in eine Sackgasse führen.

Jede Wissenschaft macht Fortschritte, wenn sie typische Muster erkennt. Doch solche Erkenntnis ist eine Kunst, die man nur durch die Praxis gewinnt. Es gibt keine mathematischen Regeln, nach denen man entscheiden kann, ob eine bestimmte Anordnung ein typisches Muster oder schlicht ein Zufall ist. Die statistische Wahrscheinlichkeit, daß ein paar kleine Steine beim Fallen ein bestimmtes Muster bilden ist genauso groß wie die Wahrscheinlichkeit, daß sie zu einer Zufallskombination fallen. Unser Erkennen typischer Muster ist Sache des persönlichen Urteils, für das es keine Regeln gibt. Es handelt sich um ein Werturteil: das Muster bringt etwas zum Ausdruck, was ein Mensch bedeutsam findet, sei es um seiner inneren Schönheit willen oder weil es sinnvoll ist. Zwar sind bestimmte Regeln erdacht worden, nach denen man Regelmäßigkeiten und Reihenfolgen, seien sie zufällig oder nicht, feststellen kann. Doch die Anwendung dieser Regeln auf einen bestimmten Fall liegt im persönlichen Ermessen des Wissenschaftlers. Es hängt von den Fähigkeiten ab, die er sich in der Praxis erworben hat und kann nicht quantifiziert oder verbal definiert werden.[10]

Mit einem besonders einleuchtenden Beispiel können wir nun zur nächsten Argumentationsstufe kommen. Eine Maschine ist zusammengesetzt aus einzelnen Bestandteilen, die zerlegt werden können, chemisch in ihre Elemente und physikalisch in die molekularen und atomaren Teilchen, aus denen sie be-

10. Aus R.A. Fisher, The Design of Experiments (1935), zitiert nach Polanyi, S. 22ff.

stehen. Und doch könnte die gründlichste chemische und physische Analyse mir nicht helfen, die Maschine zu verstehen, es sei denn, ich verstehe den Zweck, zu dem sie entworfen wurde. Natürlich kann man einen bestimmten Bestandteil erklären, indem man seine Funktion innerhalb der ganzen Maschine beschreibt; und würde das ganze Universum als riesiger Mechanismus verstanden, dann könnte auch jeder einzelne Teil des Universums, einschließlich der Menschen, in seinen Funktionen »erklärt« werden. Aber wir kennen nur Maschinen, die von Menschen erdacht und konstruiert wurden, damit sie den Zweck erfüllen, zu dem sie der Konstrukteur bestimmt hat. Darum ist es absurd, eine von niemand für keinen Zweck konstruierte Maschine als letztgültigen Erklärungsrahmen zu postulieren.

Wollen wir eine Maschine verstehen, bedienen wir uns beider Konzepte, der wirkenden Ursache und der zielgerichteten Ursache. Versagt eine Maschine ihren Dienst, weil eins ihrer Teile verschlissen ist, dann kann man wohl sagen, physikalische und chemische Prozesse seien Ursache für den Verschleiß, und von daher sei das Versagen völlig verständlich. Wenn aber eine Maschine in ordentlichem Zustand ist, wäre es doch absurd zu sagen, die chemischen und psysikalischen Gesetze für Struktur und Bewegung der einzelnen Maschinenteile seien eine ausreichende Erklärung der Maschine. Man kann sie nur erklären, wenn man den Zweck kennt, für den sie gebaut wurde. Können also physikalische und chemische Gesetze zwar eine hinreichende Erklärung für die Ursache des Versagens bieten, so können Physik und Chemie doch keine ausreichende Erklärung geben für den erfolgreichen Betrieb der Maschine. Zu einer solchen Erklärung gehört neben dem Mechanismus der Maschine auch noch die Zweckbestimmung, für die sie entworfen wurde.[11]

Von diesem Beispiel können wir nun übergehen zu dem der Tiere, die in mancher Hinsicht maschinenähnliche Größen sind, sofern ihre Körper aus beweglichen Teilen bestehen, die man nur von der Zweckbestimmung her verstehen kann, denen sie dienen. Der Unterschied liegt darin, daß ihre Bestimmung in ihnen selbst liegt. Eine Maschine hat keine Bestimmung aus sich selbst; sie erfüllt den Zweck, für den sie entworfen wurde. Ein Tier — so haben es jedenfalls unzählige Experimente zweifelsfrei erwiesen — hat eigene Bestimmungen. Erwiesenermaßen können sogar Erdwürmer aus Erfahrung lernen, wie man ein Problem löst. Und Tiere, deren Intelligenz der menschlichen am nächsten kommt, wie etwa Schimpansen, können Probleme erkennen und zu ihrer Lösung ausgeklügelte Methoden entwickeln. Wiederum sind, wie im Fall der Maschine, die physikalische und chemische Beschaffenheit der Glieder und Organe eines Tieres die notwendigen Voraussetzungen für seine Verhaltensweisen. Weichen diese Voraussetzungen von der Norm ab, wird ein Tier zugrunde gehen, und wir würden zu Recht sagen, dieser physika-

---

11. S. Polanyi, Personal Knowlegde, S. 331ff.

lische oder jener chemische Prozeß seien dafür eine hinreichende Begründung. Aber es wäre doch absurd zu behaupten, darauf oder auf ein vollständiges Wissen um die molekularen Vorgänge in den Organen eines Tieres könne man eine Erklärung für sein Verhalten gründen, wenn man nicht die Ziele kennt, die es sich gesetzt hat. Ebenso absurd wäre die Behauptung, diese molekulare Aktivität sei ursächlich für das Verhalten, als ob es keinen Unterschied gebe zwischen zweckbestimmtem Handeln und einem Reflex, den ein Elektroschock auslöst über Nerven, die die Muskeln bewegen.

Auf jeder Ebene unserer Überlegungen haben wir gesehen, daß zum Verständnis die Erkenntnis sowohl des Details als auch die des gesamten Musters gehört. Alle chemischen Reaktionen beruhen auf molekularen Veränderungen, die in den Bereich der Physik gehören, aber Chemie als ein selbständiger Wissenszweig kann nicht einfach durch Physik ersetzt werden. Allen mechanischen Prozessen liegen chemische und physikalische Prozesse in den Bestandteilen der Maschine zugrunde; und doch ist Mechanik noch ein besonderes Wissensgebiet und kann weder durch Physik noch durch Chemie ersetzt werden. Alles tierische Leben ist nur möglich, wenn die Glieder und Organe erfolgreich zusammenwirken, und das wiederum beruht auf den Gesetzen von Chemie, Physik und Mechanik. Und doch ist Biologie immer noch ein eigenes Studienfach. Laplaces Ideal, nachdem die vollständige Kenntnis der kleinsten Elemente zur Kenntnis des Ganzen führt, ist absurd. Auf jeder dieser Ebenen können wir nur deshalb verstehen, weil wir unsere Aufmerksamkeit einer Ebene zuwenden, die wir uns durch die Beschäftigung mit anderen Ebenen schon zu eigenen gemacht haben. Beobachten wir das Verhalten eines Tieres, dann beurteilen wir seinen Erfolg oder Mißerfolg nach dem Ziel, das es erreichen will — Beute zu machen, ein Nest zu bauen, die Brut zu schützen usw. Einzelkenntnis der mechanischen, chemischen und schließlich atomaren Faktoren, die für Erfolg oder Mißerfolg bestimmend sind, ist für unser Verstehen wichtig, kann es aber keinesfalls ersetzen. Wiederum wäre es absurd zu behaupten, wir verstünden das Verhalten eines nestbauenden Vogels, wenn wir die atomaren und molekularen Veränderungen in seinen Zellen kennten. Für bestimmte Zwecke können wir uns natürlich auch ganz darauf konzentrieren, weil wir an allen Vorgängen interessiert sind, die zur zielgerichteten Tätigkeit des Nestbaues gehören.

Ich habe eine Reihe von Erklärungsebenen skizziert, die von der Physik über Chemie und Mechanik bis zur Biologie reichen. An jedem Punkt sind die Prinzipien, die auf den unteren Ebenen gelten, Voraussetzungen für die höhere Ebene, aber sie erklären sie nicht. Auf jeder Ebene wird der vereinfachende Versuch mißlingen, das Verständnis des Ganzen durch eine genaue Beschreibung seiner Bestandteile zu ersetzen. Physik kann nicht Chemie ersetzen, Chemie kann nicht Mechanik ersetzen und Mechanik nicht Biologie. Doch jetzt müssen wir uns der nächsten Ebene zuwenden, nämlich dem Verstehen anderer Menschen. Der neue Faktor, mit dem wir es hier zu tun haben, ist die Möglichkeit voller oder mindestens zunehmender Gegenseitigkeit.

Ich gebrauche das Wort »voll« in dem Wissen darum, daß es auf den unteren Ebenen eine teilweise Gegenseitigkeit durchaus gibt. Der Biologe, der das Verhalten eines Erdwurms beobachtet, hat zu ihm nur eine einseitige Beziehung. Der Wurm beobachtet nicht den Biologen; da gibt es keine Gegenseitigkeit. Aber die Beziehung zwischen einem Schäfer und einem Schäferhund enthält eine wirkliche, wenngleich nur teilweise Gegenseitigkeit. Wer in Northumberland einen Schäfer und seinen Hund in ihrer Zusammenarbeit beobachtet, kann kaum übersehen, wieviel Einverständnis zwischen ihnen besteht. Weiter nach oben gibt es dann in den verschiedenen Abstufungen keinen absoluten Bruch mehr.

Und das Wort »Möglichkeit« gebrauche ich, weil jemand, der im Bereich der sogenannten Humanwissenschaft tätig ist, seine Mitmenschen leider in der gleichen Weise beobachten kann, wie der Biologe einen Erdwurm beobachtet. In der Weiterentwicklung unserer wissenschaftlichen Kultur gab es einige Versuche in dieser Richtung. Ich will darauf nicht näher eingehen, möchte aber auf sie aufmerksam machen als Beispiele dafür, wie man eine der grundlegenden Voraussetzungen unserer Kultur zu ihrem logischen Schluß führt. (Von dieser Möglichkeit handelt der Roman »That Hideous Strength« von C.S. Lewis).

Wir kommen zu den Grundregeln gegenseitiger Verständigung, wie sie zwischen zwei Menschen möglich ist. Jeder nimmt den anderen wahr durch das Medium einer ganzen Reihe von audiovisuellen Eindrücken. Der Lernvorgang ist der gleiche wie beim Lesen eines geschriebenen Textes. Kommunikation mit anderen lernen wir von unserer allerfrühesten Kindheit. Wir müssen lernen, Gesten, Ausdrucksformen, Worte, Töne zu erkennen. Doch in einer vollentwickelten Beziehung achten wir nicht mehr direkt auf alle diese Dinge. Die audiovisuellen Erfahrungen begründen unsere Kenntnis der anderen Person. Aber es wäre absurd zu behaupten, diese Erfahrungen seien ursächlich für die Kenntnis oder sie erklärten sie oder wir leiteten gar die Existenz dieser Person von diesen audiovisuellen Daten ab. Sie bilden einen Teil des unterschwelligen Wissens, das es möglich macht, sich ganz dieser Person zuzuwenden, nicht als einer physikalischen oder chemischen oder biologischen Größe, sondern als jemandem, der ähnlich wie wir Überzeugungen, Erfahrungen und Zielsetzungen hat. Ich wiederhole, das ist nichts automatisches, es ist das Ergebnis einer zielgerichteten Bemühung um Verständnis, und es ist hervorgerufen durch das zielgerichtete Bemühen des anderen um Verständigung. Bei einem wenige Wochen alten Säugling ist das Verstehensvermögen noch nicht voll entwickelt. Dieses Vermögen aber wird geweckt durch liebendes Handeln, Gesten und Worte der Eltern und Geschwister, bis im Leben des Erwachsenen der Punkt erreicht ist, wo Beziehung zur vollen Gegenseitigkeit kommt.

Wenn wir nun genau fragen, was denn in diesem gegenseitigen Verstehen zwischen reifen Erwachsenen neu ist zum Beispiel im Vergleich zu dem gegenseitigen Verstehen zwischen einem Schäfer und seinem Hund, dann müßte die Antwort etwa so lauten: Ein kluger Hund wird die Absicht seines Herrn schnell verstehen, ein bestimmtes Schaf von der Herde zu trennen und es in die Hürde zu bringen. Der Schäfer weiß natürlich, daß der Hund von anderen und widerstreitenden Absichten, etwa der Jagd nach einem Kaninchen, abgelenkt werden kann. Aber er setzt sich durch. Und eben in dieser Beziehung handelt der Schäfer nicht mit Zwang, sondern mit einer Autorität, die der Hund zu respektieren gelernt hat. Bei jeder anderen Person ließe der Hund die Schafe Schafe sein und jagte das Kaninchen. Auch Menschen haben gegensätzliche und manchmal einander widerstreitende Absichten. Aber in einer reifen Beziehung wird man sich nicht einfach gegen den anderen durchsetzen. Natürlich kann A als Praktiker angewandter Sozialwissenschaft oder psychiatrischer Manipulation B's Einsatz für den Pazifismus oder einen religiösen Glauben schlicht als eine Abweichung vom Normalen betrachten, die zu korrigieren ist. Er kann auch die chemischen, wirtschaftlichen oder anderen Faktoren benennen, die er als hinreichenden Grund für diese Abweichung ansieht; und er mag auch die Methoden kennen, mit denen er sie berichtigen könnte. Wir wissen, daß es solch ein Verständnis menschlicher Beziehungen gibt, aber wir erkennen, daß es sich unterscheidet von einer reifen Beziehung, in der sich A und B gegenseitig als verantwortliche Personen anerkennen. In einer solchen reifen Beziehung kann man mit Konflikten zwischen differierenden Absichten nur in einem Prozeß gegenseitigen Austauschs umgehen. Dabei sucht jeder dem andern mitzuteilen, was nach seiner Ansicht das richtige Ziel zweckbestimmten Handelns ist — anders gesagt: was gut ist. In diesem Kontext ist das Wort »gut« sicher irrelevant, wenn es nur meinen würde »was ich für mich will«. Es kann nur bedeuten: »absolut gut, gut für alle«. Wenn es das nicht bedeutet, ist alle Einübung gegenseitiger Komunikation sinnlos. Wenn es nichts gibt, was im universalen Sinn »gut« wäre, dann wäre in jedem Interessenkonflikt das einzige nicht sinnlose Argument: »Das will ich aber tun«. Und in einem solchen Fall können widerstreitende Ziele nur so auf einen Nenner gebracht werden, daß der Stärkere den Schwächeren manipuliert oder zwingt. Es braucht kaum noch erwähnt zu werden, daß die moderne Technologie uns dafür mit vielen ausgeklügelten Methoden versehen hat.

Im Gegensatz dazu wissen wir, daß eine gegenseitige Beziehung zwischen zwei reifen Menschen nur dann tragfähig ist, wenn beide eine gemeinsame Autorität anerkennen und jeder dem anderen traut, daß er sich daran hält. Mit anderen Worten: Bei der Begegnung mit einem anderen Menschen muß ich von der Bestimmung ausgehen, für die (oder für wen) er oder sie lebt, und ihn nicht als Objekt für meine eigenen Vorstellungen benutzen. Nun ist es wohl so, daß es keinen wirklichen Bruch bei den Abstufungen im Lebenszusammenhang zwischen Menschen, Tieren, Pflanzen und leblosen Objekten gibt. Dann wäre daraus zu folgern, daß ich auch im Hinblick auf die nichtmenschlichen Wesen verpflichtet bin, das Ziel zu respektieren, auf das hin sie leben. Ich habe nicht mehr die Freiheit, sie meinem eigenen Ziel zu unterwerfen. Es muß kaum noch gesagt werden, daß die Folgerungen daraus sowohl für unsere derzeitigen Wirtschaftsfragen als auch für die Ethik einer Konsumgesellschaft enorm sind.

Haben wir bei der Diskussion gegenseitiger Beziehungen zwischen reifen Menschen die Spitze der Hierarchie von Wissensstufen erreicht? Offensichtlich nicht, denn bei der Beschreibung der Beziehungen hatten wir das Konzept des »Guten« einzuführen als etwas, das beide Seiten als Autorität anerkennen müssen, mit dessen Hilfe widerstreitende Zielvorstellungen zu beurteilen sind. Aber welche Art von Kenntnis kann uns helfen, das »Gute« zu kennen? Etwa die Befolgung von Bacons Aufruf und die Beachtung »der Tatsachen«? Damit gerieten wir erneut in die Falle der Vereinfachung. Wir können nun einmal den Geist eines anderen Menschen auch durch keine noch so gründliche Untersuchung aller — physiologischer, phychologischer, biographischer — Tatsachen, die uns von ihm oder ihr bekannt sind. Diese Art Wissen von Tatsachen über eine Person kann nur ein hilfsweises — und normalerweise unterschwelliges — Element sein, wenn man ihn oder sie als Person kennen will. In unserer Umgangssprache unterscheiden wir deutlich, ob wir sehr gründlich über jemand Bescheid wissen, oder ob wir diesen Menschen persönlich kennenlernen. Die Schärfe dieser Unterscheidung wird deutlich, wenn — wie es gelegentlich geschieht — die Diskussion über einen Menschen durch die plötzliche Ankunft dieses Menschen unterbrochen wird. Die Diskussion muß entweder ganz abgebrochen werden, oder sie gewinnt einen anderen Charakter, in dem man nun darauf hört, was dieser Mensch selbst zu sagen hat. Sprache in der dritten Person geht über in Sprache in der ersten und zweiten Person. In unserem normalen Sprachgebrauch würden wir sagen, die Fortsetzung der Diskussion über diesen Menschen in der bisherigen Form hieße ihn ignorieren.

Die gleiche Unterbrechung haben wir nun an diesem Punkt unserer Diskussion vorzunehmen. Hier stoßen wir an die Grenze dessen, was man im allgemeinen natürliche Theologie nennt. Es ist die gleiche Unterbrechung, die wir im vorigen Kapitel vorzunehmen hatten. Dabei habe ich das Modell des hermeneutischen Zirkels als ungeeignet bezeichnet, die Interpretation der Bibel außerhalb der glaubenden Gemeinschaft vorzunehmen. Ich habe zu zeigen versucht, warum das Konzept einer Bestimmung umso notwendiger wird, je weiter wir ohne Unterbrechung durch die Bereiche der Physik, der Chemie, der Mechanik und der Biologie zum Menschen vorstoßen. Und jetzt haben wir gemeinsam eine Stelle erreicht, wo man sagen könnte, es gibt deutliche Hinweise auf die Tatsache, daß wir bei der menschlichen Ebene nicht anhalten können und daß auch der Umgang der Menschen miteinander ohne Bezug auf etwas, das über ihm steht, unerklärlich bleibt. Und offensichtlich ist diese ganze Erörterung möglich, weil ich, der ich erörtere und Sie, die mir folgen, zielgerichtetes Handeln bereits erfahren haben. Aber keine Analyse der Natur, vom niedrigsten Proton zur höchsten Form menschlichen Lebens, könnte uns direkte Kenntnis irgendeiner Bestimmung vermitteln, die über uns hinausweist. Auf die Existenz eines anderen Menschen schließen wir nicht aus der Analyse und Einstufung unserer audiovisuellen Wahrnehmung, sondern wir beziehen uns direkt auf diesen Menschen als einen lebenden Mittelpunkt von Sinn und Ziel, und für diese direkte Beziehung ist unsere Wahrnehmung von Tönen und Gesten des anderen Menschen nur untergeordnet und unterschwellig. Genauso nutzlos wäre es demnach, wollten wir die Kenntnis einer übernatürlichen persönlichen Wirklichkeit aus allen Daten unserer natürlichen Erfahrung ableiten. An dieser Stelle können die relevanten Fragen nur diese sein: Gibt es jemanden? Hat er gesprochen? Natürliche Theologie stößt hier an ihre Grenzen; hier beginnt etwas Neues, und eine neue Sprache ist erforderlich — die Sprache des Zeugnisses.

Die christliche Kirche bezeugt, daß es in den aktuellen Ereignissen dieser endlichen, kontingenten und doch rationalen Welt der gebrochenen Raum-Zeit Worte und Zeichen gibt, durch die der Schöpfer und Erhalter der Welt gesprochen und gehandelt hat. Dabei sind diese Ereignisse nichts anderes als Teil des ungebrochenen Zusammenhangs von Geschehnissen in der Raum-Zeit, die mit allen anderen zusammen analysiert und eingeteilt werden können. Sie sind keine »Eingriffe« von jemand, der sonst nicht da ist. Und was noch wichtiger ist, wir sprechen dabei nicht von etwas, was als sogenannte religiöse Erfahrung als einer besonderen Form der Erkenntnis wäre. Daß das Wort Religion auf eine Art Erfahrung deutet, die in der ganzen menschlichen Geschichte weit verbreitet ist, ist bekannt. Aber daß die sogenannte Religion die ausschließliche oder primäre Form von Kontakt zwischen den Menschen und ihrem Schöpfer sei, ist lediglich eine Behauptung ohne jede logische Begründung. Das ist einfach eine der vielen ungeprüften Annahmen unserer Kultur. Als Mitglied der christlichen Kirche und ihrer Gemeinschaft glaube und bezeuge ich (und der Wechsel zur ersten Person Singular ist natürlich beabsichtigt), daß in dem literarischen Werk, das wir die Bibel nennen, Wesen und Wille des Schöpfers und Erhalters aller Natur getreu wiedergegeben ist, beständig neu interpretiert in den aktuellen missionarischen Erfahrungen der Kirche durch die Jahrhunderte und inmitten der Völker, und daß es dieses Wesen und dieser Wille sind, die bestimmen, was gut ist. Weil ich das glaube und bezeuge, bestreite ich die Teilung der menschlichen Erfahrung in eine private Welt, wo das »Gute« eine Sache des persönlichen Geschmacks ist, und eine öffentliche Welt, wo angeblich »Tatsachen« ohne jeglichen Bezug auf das Gute am Werk sind. Ich glaube, daß alle geschaffenen Wesen einen sakramentalen Charakter haben, weil sie von der kreativen Güte Gottes her und auf seine erlösende Bestimmung hin existieren. Ich glaube, daß man anders nichts richtig verstehen kann und daß dennoch Gott bei der Erschaffung einer Welt mit einer gewissen Autonomie und Kontingenz für uns Raum gelassen hat, in dem wir die Freiheit des Forschens und Experimentierens haben, um für uns herauszufinden, wie die Dinge wirklich sind. Ich glaube, daß alle Erfahrung in der natürlichen Welt, in der Welt der Öffentlichkeit, der Politik, der Wirtschaft und Kultur und auch der Welt innerer geistlicher Erfahrung als ein Ganzes im Licht dieser Enthüllung des Wesens und Willens ihres Schöpfers gesehen werden muß.

Als wir die Leiter von der Physik über die Chemie, die Mechanik und die Biologie bis zum Verständnis des Menschen heraufstiegen, kamen wir bis zu dem Punkt, wo wir von einer gegenseitigen Beziehung zwischen Menschen bis hin zur völligen Gegenseitigkeit sprachen. Wir wissen, daß es in den tiefsten Dimensionen zwischenmenschlicher Beziehungen — innige Freundschaft, Liebe zwischen Mann und Frau — immer die Sehnsucht nach völligem gegenseitigem Verstehen gibt. Aber wir wissen auch, daß sie tatsächlich nie ganz erfüllt wird, und sie steht auch immer in der Gefahr, den anderen unterzuordnen, zu gebrauchen, zu manipulieren. Kann es daher je völlige Gegenseitigkeit geben, oder ist das ein unerreichbares Ideal, das man erstreben, aber niemals erreichen kann? Ist es nur eine Fata Morgana oder erreichbare Wirklichkeit?

Das christliche Zeugnis sagt, daß diese Wirklichkeit zwischen den Personen des Dreieinigen Gottes verwirklicht ist. Dieses Zeugnis beruht auf der Tatsache, daß Jesus in seinem Leben, das er als Teil unserer menschlichen Geschichte lebte, eine Beziehung ungebrochener Liebe und Gehorsam verwirklicht hat zu dem, den er Vater nannte; diese Liebe und dieser Gehorsam waren getragen von der unfehlbaren Liebe und Treue eben dieses Vaters. Die Menschen, die glauben und nachfolgen, können durch die Gegenwart des Geistes jetzt teilhaben an diesem gemeinsamen Leben gegenwärtiger Liebe, dem Wesen der Dreieinigkeit, zusammengeführt in der Sohnschaft Jesu. Diese Wirklichkeit geschenkter Teilhabe ist besonders bündig in den Worten des Gebetes ausgedrückt, das Jesus im Johannesevangelium zugeschrieben wird: »Ich habe ihnen gegeben die Herrlichkeit, die du mir gegeben hast, daß sie eins seien gleich wie wir eins sind, ich in ihnen und du in mir, auf daß sie vollkommen eins seien und die Welt glaube, daß du mich gesandt hast« (Johannes 17, 22-23). Hier ist die Wirklichkeit einer völligen gegenseitigen Beziehung zwischen dem Vater und dem Sohn innerhalb der einen Gottheit, in die die Glaubenden durch die Kraft des Geistes einbezogen werden und aus der heraus sie der Welt die Wirklichkeit bezeugen können, aus der alle Dinge hervorgehen, zu der hin alle Dinge existieren und durch die alle Dinge zu verstehen sind. Es ist eine Wirklichkeit, innerhalb derer wir das völlige gegenseitige Verstehen zwischen Menschen suchen können und andere auffordern, das ebenso zu tun. Dieses völlige gegenseitige Verstehen können wir in diesem Leben nur annähernd erreichen, aber hoffen es dann im kommenden Leben völlig zu erlangen, wenn wir erkennen, wie wir erkannt sind (1. Korinther 13,12).

Das doppelte Dogma der Inkarnation und der Trinität bildet so den Ausgangspunkt für einen Weg, auf dem wir die Wirklichkeit als Ganze verstehen. Dieser Weg führt uns in eine weitere und umfassendere Rationalität als die reale aber begrenzte Rationalität vereinfachender Anschauungen, die die gesamte Wirklichkeit mit den Begriffen der Naturwissenschaft von der Physik bis zur Biologie erklären möchten. Die umfassendere Rationalität bestreitet keineswegs, daß diese anderen Erklärungsmöglichkeiten angemessen und auf ihren jeweiligen Ebenen notwendig sind: sie erkennt sie an und schließt sie mit ein.

Von diesem Standpunkt aus kann ich dann beginnen, diese sowohl rationale als auch kontingente Welt zu verstehen und mit ihr fertig zu werden. Denn im Mittelpunkt dieser Enthüllung steht als Schlüssel zum Ganzen das Kreuz, an das der eine, dessen Wille Ursprung und Ziel aller Dinge ist, in Schmach und Verlassenheit geschlagen wurde, und die Auferstehung, in der eben dieser Tod zur Quelle des Lebens wurde. Das schließt alle Abkürzungswege aus, die in allem einen Sinn erkennen wollen, ohne die radikale Kontingenz der Dinge zur Kenntnis zu nehmen. Ausgeschlossen ist diese Art immanenter Rationalität, die davon ausgeht, daß alles in der Begrifflichkeit von Mechanismen, Organismen oder Mathematik zu erklären sei. Ebenso ausgeschlossen ist alles, was (so in manchen Formen von Religion) das eigene Verständnis des Guten als maßgebend erklärt. Wer den Sinn aller Dinge in diesem Licht von Kreuz und Auferstehung sieht, der hat ein Geheimnis entdeckt, wie man es nur während einer entschiedenen Nachfolge auf dem Weg des Kreuzes erleben kann. Zum einen wird man dabei bewahrt vor einem puren Irrationalismus, für den es in dieser Welt keinen Sinn gibt und alles Unverständliche Zufälligkeit ist. Zum andern kann man in der Nachfolge auf dem Weg des Kreuzes im Licht und in der Kraft der Auferstehung die Wirklichkeit des Bösen, das gegen Gottes guten Willen gerichtet ist, wahrnehmen und ihm in der Zuversicht begegnen, daß es nicht das letzte Wort haben wird. Hier, wo die Mitteilung eines persönlichen Willens des Guten verantwortlich angenommen wird, liegt der Grund, auf dem man nun glauben kann, daß die Welt sowohl rational als auch kontingent ist.

Nach diesem bewußt in der Sprache des Zeugnisses gehaltenen Exkurs kann ich nun wieder zurückgehen, sozusagen die Leiter wieder hinuntersteigen von der menschlichen Erfahrung über die tierische und pflanzliche Welt bis zur Welt der Moleküle, Atome, Protonen und Elektronen. Beim Heraufsteigen haben wir gesehen, daß auf jeder Stufe dieser Leiter die Elemente der unteren Ebene die der höheren zwar bedienen, aber nicht erklären. Kommen wir nun von oben herunter mit dem Glauben, daß es eine gute Bestimmung gibt, die man mit Hilfe der Erfahrungsdaten in der Raum-Zeit-Welt erkennen kann, nämlich die in der Botschaft des Evangeliums berichteten Ereignisse, können wir nicht nur sehen, warum die Kategorie einer »Bestimmung« vom völligen Verstehen des Wesens der Dinge nicht ausgeklammert werden kann, sondern wir können auch sehen — so behaupte ich — wie Bestimmung im ganzen weiten Spektrum der Natur erkannt werden kann, nicht nur da, wo der homo sapiens erscheint. Bekanntermaßen hat die Evolutionstheorie als Folge des Nachweises, daß anerzogene Eigenschaften nicht vererbt werden können, Lamarkes Gedanken einer Bestimmung verworfen und Darwins Sicht akzeptiert, daß natürliche Auswahl nur eine Folge wahlloser Mutationen ist. Die neuere Diskussion über den Vorrang dieser natürlichen Auswahl scheint nun doch die Möglichkeit offen zu halten, daß zweckbestimmtes Handeln als Faktor in der Evolution vorkommt. Dieser Faktor spielte keine Rolle, als man mit Nachdruck die Zufälligkeit der Genmutationen vertrat. Die Entdeckung des DNS-Moleküls hat das Bild verändert. Sie hat gezeigt, daß die Grenzen möglicher Zufälligkeiten enger sind, als man dachte. Und Biologen arbeiten jetzt mehr mit der Kategorie von Bevölkerungsgruppen mit gemeinsamen Genen als mit der Kategorie des Individuums, so daß sie nun nicht mehr mit dem zufälligen Verhalten einzelner Einheiten zu tun haben, sondern mit dem Verhalten sehr großer Mengen, in denen die Zufälligkeit der einzelnen Einheit seine Bedeutung verliert. Darüber hinaus wird der Rolle der Bestimmung bei der Anpassung von Tieren an ihre Umwelt, die in der Evolution der Arten eine große Rolle spielen kann, größere Aufmerksamkeit gewidmet: »Eigenschaften, die sich einzelne erworben haben, werden nicht an ihre jeweiligen Nachkommen vererbt. Aber Eigenschaften, die sich Populationsgruppen erworben haben, werden auf die nachfolgenden Gruppen vererbt, wenn sie der Anpassung dienen.«[12]

Es ist deutlich, daß beim homo sapiens zielgerichtetes Handeln im Prozeß der Anpassung an die Umgebung eine entscheidende Rolle spielt. Nach Ansicht vieler Biologen gilt das auch wenigstens für die früheren Formen tierischen Lebens. Elternpaare bei Vögeln und Tieren geben sich große Mühe, ihre Jungen in die verschiedenen Verhaltensweisen einzuführen, die zum Überleben nötig sind. Die Parallele zwischen ihnen und der Erziehung von Kleinkindern ist kaum zu leugnen. Auch sie werden dazu angeregt, nicht nur ihre Anlagen zur Wahrnehmung, zum Verstehen und zum Mitteilen zu entwickeln, sondern auch die Fähigkeiten, die sie für den Umgang mit ihrer Umgebung notwendig brauchen. Wir entwickeln uns zu reifen Menschen nicht in einem automatischen Prozeß, der im Inneren des Menschen als einem besonderen Organismus abläuft, sondern als Reaktion auf die Pflege und Ausbildung

12. C.H. Waddington, zitiert bei Thorpe, Purpose in a World of Chance, S. 34.

durch unsere Eltern und Lehrer. Der Prozeß, in dem ein menschlicher Fötus schließlich eine reife Person wird, die das Gute erkennen und befolgen kann, hängt von dem liebevollen und zielgerichteten Willen derer ab, die vorangegangen sind. Es gibt keinen logischen Unterschied zwischen diesem Prozeß und der Art und Weise, wie man einem Hund beibringt, seinen Herrn zu verstehen, zu lieben und ihm zu dienen. Weil Zweckbestimmung in der Entwicklung diese Rolle dort spielt, wo wir uns am besten auskennen, darf man vernünftigerweise auch behaupten, daß sie in gewisser Weise bis hinunter auf die untersten Ebenen eine Rolle spielt. Betrachten wir das Bild der gesamten Natur, so wie es uns die moderne Wissenschaft vermittelt, dann irritiert die Tatsache, daß die Biologie uns die beständige Evolution immer komplexerer Organismen zeigt, die Physik aber — im Zweiten Thermodynamischen Gesetz — ein Bild unaufhaltsamen Zutreibens auf die Entropie, in die totale Leere. Das biologische Grundgesetz und das der Physik scheinen demnach in entgegengesetzte Richtungen zu arbeiten. Ich kenne die Arbeit an den sogenannten »Zerstreuungsstrukturen«. Sie hat gezeigt, daß im gesamten Kontext wachsender Entropie Ordnungsmuster auch spontan auftreten können.[13] Aber es ist schwer zu erkennen, wie man damit die Verlegenheit beseitigen will. Die Arbeit zeigt, daß biologische Evolution im Sinne physikalischer Gesetze möglich ist, aber man kann schwer erkennen, wie sie die Tatsache erklären will, daß die ganze Geschichte biologischer Evolution sich in eine Richtung bewegt, die der des gesamten physikalischen Denkens genau entgegengesetzt ist. Ist es ein voreiliger Vorschlag, den Schlüssel bei der Tatsache zu suchen — wir kennen sie für das menschliche Leben und wir finden sie jetzt auch bei den höheren Stufen tierischen Lebens — daß das Leben sich auf seine eigentliche Erfüllung nicht automatisch in einem rein mechanischen oder organischen Prozeß zubewegt, sondern, als Erwiderung auf einen liebenden Willen (purpose), der Kräfte weckt und aktiviert, die sonst nur latent und potentiell gewesen wären?

Wenn ich es richtig verstehe, haben meine Bemerkungen eine gewisse Nähe zu dem Vorschlag, den kürzlich Daniel Hardy und David Ford gemacht haben, die in der Arbeit von Prigogine über »Zerstreuungsstrukturen« eine Stütze finden für ihre Ansicht: »Der fundamentale Zustand des Universums ist ungleichgewichtig«; ein Zustand totaler Entropie sei nicht Ausgangspunkt für ein Verstehen des Kosmos; und weil Gott überreichliche und überfließende Quelle neuen Lebens ist, sei das Universum »eine überfließende Zuteilung von Raum, Zeit und Energie, durch die weiterer Überfluß entsteht«.[14]

Ob diese Vorschläge stichhaltig sind oder nicht, müssen nun andere diskutieren. In den folgenden fünf Thesen, mit denen ich dieses Kapitel abschließe,

---

13. S. Peacocke, Creation and the World of Science, S. 97-100, zur Arbeit von Prigogine u.a.
14. S. Jubilate: Theology in Praise (1984), S. 118.

will ich noch einmal kurz zusammenfassen, was nach meiner Überzeugung getrost behauptet werden kann.

1. Die methodische Eliminierung finaler Ursachen aus dem Studium der Natur war zwar ungeheuer ertragreich, aber der Versuch, alles existierende nur von wirkenden Ursachen her zu erklären, führt zu einer Absurdität in der Begrifflichkeit und zur Tyrannei im Zusammenleben.
2. Hat man einmal erkannt, daß es für das Verstehen der Welt finale Ursachen gibt, dann muß man die folgenden Fragen stellen: Gibt es da jemand? Gibt es ein Wort? Das deshalb, weil Bestimmung (purpose) eine personale Wirklichkeit ist und nur dort erkannt wird, wo ein Mensch sich auf seine Bestimmung einläßt.
3. Die Kirche lebt für das Zeugnis, daß es jemand gibt, daß er gesprochen hat, und daß wir beginnen können, seinen Willen (purpose) zu erkennen und unser persönliches und öffentliches Leben danach zu richten.
4. Die Kirche muß deshalb in ihrer missionarischen Begegnung mit der modernen westlichen Kultur mutig und unbefangen sein im Gebrauch der Sprache des Zeugnisses. Denn dieses Zeugnis, dessen Richtigkeit mit den Methoden moderner Wissenschaft nicht erfaßt werden kann, schafft selbst die Voraussetzung, auf der moderne Wissenschaft beruht, nämlich die Gewißheit, daß die Welt sowohl rational als auch kontingent ist.
5. Wenn die letzte Erklärung aller Dinge bei dem schöpferischen, erhaltenden, richtenden und erlösenden Werk eines persönlichen Gottes zu suchen ist, dann kann Wissenschaft Dienerin der Menschheit sein, nicht ihre Herrscherin. Allein dieses Zeugnis kann unsere Kultur davor bewahren, sich in den irrationalen Fanatismus aufzulösen, der seinerseits aus totalem Skeptizismus geboren wird. Es wird vielleicht die größte Aufgabe der Kirche im 21. Jahrhundert sein, eine Bastion der Rationalität in einer Welt der Unvernunft zu werden. Aber dazu werden Christen noch lernen müssen, daß Bekehrung nicht nur eine Sache des Herzens ist, sondern auch des Geistes (mind).

5.
Was ist zu tun?
Der Dialog mit der Politik

Mein Anliegen in diesem Buch ist die zentrale Frage: Was müßte zu einer wirklich missionarischen Begegnung zwischen dem Evangelium und der Kultur unserer Nachaufklärungszeit gehören? Im vorigen Kapitel war davon die Rede, wo diese Begegnung auf der intellektuellen Ebene, mit der modernen Wissenschaft als dem geistigen und spirituellen Herzstück unserer Kultur, stattfindet. Ich bin der Frage nachgegangen, was man erkennen kann und auf welche Weise. Aber das Evangelium befaßt sich nicht nur mit dieser Frage, sondern auch mit der Frage »Was ist zu tun?« Missionarische Aktivität trifft ja nicht nur auf Gedanken und Überzeugungen der Menschen, sondern auch auf ihr Verhalten. Und das zeigt sich natürlich nicht nur im privaten und familiären, sondern auch im öffentlichen und politischen Bereich. Es ist unmöglich, die beiden säuberlich voneinander zu trennen, denn es ist doch die gleiche Person, die in beiden Bereichen aktiv ist. Folgerichtig haben Missionare in ihrer Begegnung mit fremden Kulturen niemals gezögert, privates oder öffentliches Verhalten anzugreifen, wenn sie es für unvereinbar hielten mit dem in Christus offenbarten Willen Gottes. So haben Missionare in der indischen Gesellschaft, die ich kenne, so tief verwurzelte Elemente öffentlichen Lebens wie Kasten, Brautpreis, Kinderehe und Witwenverbrennung angeprangert. Ähnlich haben sie sich in Afrika gegen Polygamie und Sklavenhandel stark gemacht. Wo müßte die Begegnung des Evangeliums mit unserer Kultur der Nachaufklärung im öffentlichen Bereich ansetzen, mit den politischen, wirtschaftlichen und gesellschaftlichen Aspekten unseres Lebens?

Zunächst haben wir uns auseinanderzusetzen mit der Behauptung, das Evangelium äußere sich zu diesen Bereichen nicht direkt. Lauthals wird darauf bestanden, die Kirche dürfe sich in Politik und Wirtschaft nicht einmischen; sie habe sich zu beschränken auf das ewige Heil der menschlichen Seele; und wenn sie denn überhaupt ethische Weisungen gebe, dann allenfalls für persönliches Verhalten. Das Evangelium, so hören wir, muß Menschen verändern, nicht Systeme und Strukturen. Kirche soll sich aus dem öffentlichen Leben heraushalten und sich um ihre eigenen Angelegenheiten kümmern!

Zu dieser Auffassung könnte man aus der Perspektive einer langen Geschichte vieles sagen, aber ich beschränke mich auf drei Punkte:

1. Die Behauptung, die Kirche solle sich aus der Politik heraushalten, liegt deutlich auf der Linie, in der die Nachaufklärung menschliches Leben in die öffentliche Welt der Tatsachen und die private Welt der Werte einteilt. Das Christentum sei ein Wertgefüge, für das sich jeder frei entscheiden könne. Darin trete es in Konkurrenz zu andern und werde je nach Bewährung seinen Platz behaupten. Es könne keinen Raum beanspruchen in der öffentlichen Welt von Politik, Wirtschaft und Gesellschaft; er müsse denen überlassen bleiben, die das nötige Fachwissen von den »Tatsachen« haben. Mit dieser Einstellung hätte man allerdings Christen einer früheren Periode der Kirchengeschichte in Erstaunen versetzt. Dazu verweise ich darauf, was ich im vorigen Kapitel über die mythologische Funktion gesagt habe, die das Verständnis von »Tatsachen« in unserer derzeitigen Kultur ausübt.

2. Die negative Seite der Behauptung, also die Kirche solle sich nicht in die Politik einmischen, ist die Schlußfolgerung aus der positiven Behauptung, die eigentliche Aufgabe der Kirche sei die Sorge um das ewige Heil der einzelnen Seelen. Hier haben wir es wieder mit der Dichotomie zu tun, die für weite Teile des religiösen Denkens der Menschen charakteristisch ist, die sich aber bemerkenswerterweise in der Bibel nicht findet.
   Der Gedanke, man könne das wahre Wesen des Menschen nur dann finden, wenn man die sichtbaren, äußerlichen, kontingenten, historischen Elemente menschlichen Lebens wegstreicht, ist indischer Religion sehr vertraut. Auch im griechischen Denken, in dessen Rahmen viele der ersten systematischen Aussagen der Kirche geprägt wurden, ist dieser Gedanke zu Hause. Danach ist ein Mensch seinem Wesen nach eine ewige Seele, die eine Zeitlang in einem Körper lebt, der zur Welt der Natur gehört und durch den der Mensch durch die Bande physischer und biologischer Notwendigkeit an diese sichtbare und greifbare Welt gebunden ist. So läuft die Dichotomie durch den ganzen Bereich menschlicher Erfahrung zwischen der ewigen Welt, mit der er direkten Kontakt hat in seinem geistigen und geistlichen Sein, und der Welt der Sinne, mit der er — in der kurzen Zeit des Erdenlebens und als Teil einer biologischen und gesellschaftlichen Gruppe — vergängliche Beziehungen hat. Unter der Annahme dieser Dichotomie läge die Aufgabe der Kirche nicht in der vergänglichen Welt äußerlichen Geschehens, sondern in der ewigen Welt verborgener geistlicher Wahrheiten.

3. Kehrt man aber aus dieser Welt des Denkens zurück zur Bibel, wird deutlich, daß ihre Vorstellungen vom Wesen des Menschen ganz andere sind. Von der ersten bis zur letzten Seite sieht die Bibel realistisch den einzelnen Menschen immer eingebunden in Beziehungen zu anderen Menschen und zur Welt der Natur. Die Bibel ist die Geschichte dieser Bezie-

hungen. Am Anfang beschreibt sie den Menschen, wie er als Mann und Frau nach Gottes Bild geschaffen wurde. Beginnend mit dieser ersten Familie berichtet die Bibel über Beziehungen in und zwischen Familien, Sippen, Nationen. Natürlich gibt es auch in der Bibel vieles, was man der inneren Dimension menschlicher Existenz zurechnen kann. Dazu gehört etwa der Erfahrungsbereich, in dem wir uns unserer Einsamkeit und unserer unteilbaren Verantwortung bewußt werden oder der Tatsache, daß wir zwar einem ständigen physikalischen, biologischen und sozialen Prozeß unterworfen sind, das aber auch wissen und durch dieses Wissen unsere Transzendenz darüber behaupten können. Doch in der Bibel wird kein Versuch gemacht, diese Dimension menschlicher Erfahrung auszusondern und sie als die einzig wirkliche zu betrachten. An einem Punkt stehen wir alle in der Versuchung, das zu tun, nämlich da, wo wir vor dem Geheimnis des Todes stehen. Denn der Tod ist der Ort, wo sich der Mensch endgültig vom physikalischen, biologischen und gesellschaftlichen Prozeß trennt, in dem er bis dahin stand. Unter den beseelten Lebewesen sind die Menschen anscheinend die einzigen, die den Tod als ein Geheimnis kennen und deshalb oft sorgfältige Vorsorge für die respektvolle Übergabe der Leiche treffen. Es ist beachtlich, daß die alten Israeliten allem Anschein nach nicht daran glaubten, daß nach dem Tode noch etwas Wichtiges kommt. Gottes Bestimmung, wie sie sie verstanden, war bei den Lebenden und ihren Nachkommen hier auf der Erde zu erreichen, nicht in einer Welt jenseits des Grabes.

Nach diesem Verständnis gibt es für das Menschsein keine Trennung des Inneren und Geistlichen vom Äußeren, Sichtbaren und Gesellschaftlichen. Die Thora Jahwes, seine liebevolle Führung und Weisung für sein Volk trifft ihr ganzes Leben als Menschen, als Familien und als Volk. Glaube, Gehorsam, Buße und Liebe werden nicht als religiöser Bereich ausgeklammert; sie sind im Gegenteil eingebettet in die Lebensbereiche, die wir heute als Rechtsprechung, Gesundheitswesen, Bildungswesen, Sozialfürsorge und Wirtschaftspolitik bezeichnen würden. Alle Bibelleser wissen sehr wohl, daß wir den größten Teil des Alten Testamentes streichen müßten, wollten wir nur die biblischen Abschnitte gelten lassen, die sich ausschließlich mit dem geistlichen Leben befassen.

Dieser allgemein bekannte Sachverhalt führt gewöhnlich zu der Behauptung, man müsse das Alte Testament im Licht des Neuen lesen. Dabei würden wir dann erkennen, daß die Lehren Jesu sich nicht mit äußerlichen und vergänglichen Dingen befassen, sondern mit den ewigen Wirklichkeiten des Geistes, und daß die Schriften des Alten Testamentes nur in diesem Licht gelesen werden dürfen. Dagegen wende ich ein, daß diese Spiritualisierung des Alten Testaments nicht dem gerecht wird, was das Neue Testament sagen will.

Jesu Botschaft Jesu heißt, das Reich Gottes – und damit seine Herrschaft – ist nahe herbeigekommen. Man muß sie vor dem Hintergrund des alttestamentlichen Glaubens verstehen: Jahwe hatte zwar ein Volk erwählt, das unter seiner Thora leben und so Zeuge für die Völker sein sollte, aber es werde der Tag kommen, an dem alle Völker ihn allein als Gott verehren und unter seiner Thora leben. Man muß sie auch vor dem Hintergrund verstehen, daß später dieser Glaube unter dem schrecklichen Druck einer Reihe von Katastrophen apokalyptische Formen annahm. Als Generationen glaubender Israeliten im Kampf gegen die Feinde Jahwes den Märtyrertod erlitten, wich das alte Desinteresse an einem Jenseits nach dem Tode dem Glauben, daß mit Jahwes Sieg auch diejenigen wieder erstehen würden, die ihr Leben um seinetwillen gegeben hatten. Jahwe selbst werde den Sieg heraufführen, der derzeitigen Ordnung der Welt ein Ende bereiten und eine neue Ordnung aufrichten. An ihr werden auch die teilhaben, die im Glauben gestorben sind. Vor dem Hintergrund dieser apokalyptischen Erwartung müssen wir Jesu Botschaft vom Kommen des Reiches Gottes verstehen.

Doch wir wissen sehr gut, daß diese apokalyptische Erwartung, ohne die man die Botschaft Jesu nicht verstehen kann, auch Anlaß zum Mißverständnis gab. Die in den synoptischen Evangelien entfaltete Geschichte seines Dienstes zeigt uns, wie ein anfänglicher Enthusiasmus sich nach und nach in Unglauben und Ablehnung verwandelt, als klar wurde, daß Gottes Reich eine ganz und gar geheimnisvolle und paradoxe Wirklichkeit ist, die nur wenige erwählte Zeugen verstehen können. Der Sieg Gottes wird schließlich vollendet in der Verwerfung und dem Tode Jesu. Der König regiert vom Holz der Schande. Diese Tatsache, verborgen vor der Welt, wird durch die Auferstehung Jesu von den Toten denen verkündigt, die als Zeugen erwählt sind (und nur denen). Diese Zeugen werden ausgesandt, um den Sieg Jesu zu verkünden und in ihrem gemeinsamen Leben die Wirklichkeit der Herrschaft Gottes darzustellen. Sie sollen gehen und das Sterben Jesu an ihrem Leibe tragen, damit auch das Leben — ein Leben des sieghaften Reiches — in ihrem leiblichen Leben offenbar werde (2. Korinther 4,10). Sie verkünden und verkörpern den Sieg Gottes unter dem Zeichen des Kreuzes.

So entsteht eine neue Wirklichkeit, eine neue Art menschlicher Gemeinschaft, in der die Thora Jahwes nicht nur von Menschen aus den Stämmen Israels, sondern aus allen Völkern gehalten wird. Die Verheißung der Propheten und der Psalmisten ist erfüllt. Die Nationen kommen zum neuen Zion, um Volk Jahwes zu werden und unter seiner Weisung, seiner Thora zu leben. Sie sind — aus vielen Rassen und Völkern — eine Familie geworden, in brüderlichen und verwandtschaftlichen Beziehungen, wie sie nach Gottes Absicht für die große Familie Israels charakteristisch war. Sie sind einander nicht mehr fremd, sie sind Brüder und Schwestern; sie sind wie Israel eine große Familie — aber zusammengeführt aus allen Völkern.

So hat die früheste Kirche niemals Gebrauch gemacht von dem Schutz, den sie als »privater Kult« nach römischem Gesetz hätte haben können, wenn sie sich darauf beschränkt hätte, ein rein persönliches und geistliches Heil für ihre Mitglieder zu erlangen. Diese Art privater Religion stand damals in der Welt des östlichen Mittelmeers in ebenso hoher Blüte wie heute in Nordamerika. Sie erfreute sich der Duldung durch die kaiserlichen Behörden damals aus dem gleichen Grunde, aus dem man ihren heutigen Ebenbildern Freiraum gewährt: Sie stellte keine Gefahr für die politische Ordnung dar. Warum also hat die Kirche diesen Schutz ausgeschlagen? Warum hat sie sich in einem Kampf bis zum Tode mit den Machthabern des römischen Reiches angelegt? Weil sie, getreu ihren Wurzeln im Alten Testament, eine Verweisung in die private Sphäre einer rein innerlichen und persönlichen Religion nicht akzeptieren konnte. Sie wußte sich selbst als Trägerin der Verheißung von Jahwes Herrschaft über alle Völker. Sie lehnte all die Namen ab, mit denen sich die vielen religiösen Gemeinschaften selbst bezeichneten und die Kritiker, wie etwa Celsus, der Kirche anhängten (thiasos, hieranos); sie nannte sich selbst *ekklesia tou theou*, die öffentliche Volksversammlung, zu der Gott ohne Unterschied alle Menschen an allen Orten beruft. Das aber machte den Konflikt mit der Macht des Imperiums unausweichlich — so unausweichlich wie das Kreuz.[1]

Aber die Kirche wollte keine neue politische Ordnung schaffen, auch nicht für die Erneuerung politischer Institutionen aktiv werden. Diese Schlußfolgerung wäre nicht nur Anachronismus, sondern auch theologischer Unsinn. Die gottgegebene — und deshalb begrenzte — Autorität des Caesar wird in der Bibel durchaus anerkannt (Johannes 19,11). Pilatus hat gottgegebene Vollmacht, ein Urteil über Jesus zu fällen, aber Jesus ist König in dem absoluten Sinn, daß er Zeugnis für die Wahrheit gibt; die letzte Wirklichkeit, an der alles Königtum zu messen ist, ist in ihm gegenwärtig (Johannes 18,37). Und wenn sich, wie in diesem Fall, die gottgegebene Vollmacht einer politischen Ordnung in den Dienst der Lüge stellt, muß ein frontaler Zusammenstoß erfolgen. Am Kreuz wird der Fürst dieser Welt demaskiert und entthront, und dieses entscheidende Geschehen ist der Schlüssel zu aller künftigen Geschichte. Die apokalyptischen Passagen des Neuen Testamentes sind die Projektion des am Kreuz ausgefochtenen Konfliktes auf die Geschichte. Die jetzige Weltordnung wird vergehen, und dann wird Jesus herrschen.

Aber wie übt Jesus sein Königtum in der Zwischenzeit aus? Die Fragen, wie sie sich in einer modernen Demokratie stellen, kommen in einer Kirche, die als kleine Minderheit unter der Macht des Imperiums lebt, offensichtlich nicht vor. Die Kirche ist in der Kraft des gekreuzigten und auferstandenen Jesus Zeugin für die Wahrheit, und dafür zahlt sie einen blutigen Preis. Aber was

---

1. S. Gerhard Kittel, Theologisches Wörterbuch des Neuen Testamentes «Ekklesia«.

soll die Kirche tun, wenn das Imperium so nicht weitermachen will und der Kaiser sich der Kirche zuwendet, um sie als geistliches Band für eine zerfallende Gesellschaft zu benutzen? Es ist viel über den Schaden geschrieben worden, den die Sache des Evangeliums erlitten hat, als Konstantin sich taufen ließ. Es ist nicht schwer, sich über dieses Thema auszulassen. Aber hätte es eine Alternative gegeben? Als die antike klassische Welt, scheinbar so großartig und so alldurchdringend, ihre geistige Kraft verlor und sich der Kirche als der einen Gemeinschaft zuwandte, die eine zerfallende Welt noch zusammenhalten konnte, hätte die Kirche diese dringende Bitte zurückweisen und in Ablehnung einer Verantwortung für politische Ordnung ihre Hände in Unschuld waschen sollen? Wollte sie ihren Wurzeln in Israel und im Dienste Jesu treu bleiben, dann durfte sie das nicht tun. Im Nachhinein ist leicht beurteilt, wie schnell die Kirche den Versuchungen weltlicher Macht erlag. Es ist einfach, mit dem Finger auf den auffallenden Widerspruch zwischen dem Jesus der Evangelien und seinen Nachfolgern auf den Thronen von Macht und Reichtum zu zeigen, wie es Mönche und Eremiten, Propheten und Reformer in allen darauffolgenden Jahrhunderten ständig getan haben. Und doch müssen wir fragen, ob die Kirche dem in der Heiligen Schrift offenbarten Willen Gottes besser gedient hätte, wenn sie alle politische Verantwortung abgelehnt und es niemals ein »christliches« Europa gegeben hätte, wenn alle Kirchen in den vergangenen 2000 Jahren als geduldete oder verfolgte Minderheiten wie die Armenier, die Assyrier und die Kopten gelebt hätten? Das ist kaum vorstellbar.

Wie immer man das einschätzt — und es mag vielleicht sinnlos erscheinen, sich auf solche Spekulationen einzulassen — zwei Tatsachen sind für das Verständnis unserer gegenwärtigen Situation wesentlich. Erstens sind wir die Erben dieses Experimentes Christentum. Als Angehörige der westlichen Welt leben wir in Gesellschaften, die sich langsam und mit vielen Rückschlägen aus den barbarischen und wilden Stämmen Europas zu der Gemeinschaft formten, die man als das Corpus Christianum bezeichnet, eine einzigartige Gesellschaft, in der die Gesamtheit des öffentlichen und privaten Lebens von der christlichen Botschaft bestimmt wird. Vieles von dem, was wir so selbstverständlich als normales menschliches Verhalten ansehen, ist die Frucht dieses langen Lernprozesses. Mögen wir uns auch noch so sehr dagegen auflehnen, wir sind seine Produkte.

Zweitens müssen wir feststellen, daß es das Corpus Christianum nicht mehr gibt und daß wir nicht mehr dahin zurückkehren können. Die Religionskriege des 17. Jahrhunderts besiegelten den endgültigen Zusammenbruch der Synthese von Kirche und Gesellschaft im sogenannten Christentum. Vom 18. Jahrhundert an hat sich Europa von der christlichen Sicht des Menschen und seiner Welt abgewandt, hat eine radikal andere Sicht für sein öffentliches Leben übernommen und die christliche Sicht verbannt in den Status einer geduldeten Option für das Privatleben. Nähme die moderne Kirche diesen Status hin, dann täte sie damit etwas, was die frühe Kirche für sich ablehnte und was die Bibel uns zu tun verbietet. Ihn hinzunehmen, wäre tatsächlich nichts anderes, als die Herrschaft Christi über alles Leben zu leugnen — öffentliches und privates. Damit würde bestritten, daß Christus ein für allemal die Wahrheit ist, an der alle anderen Ansprüche auf Wahrheit zu prüfen sind. Es wäre die Preisgabe ihrer Berufung.

Die Aufklärung ist mit ihrer Vision von der himmlischen Stadt gescheitert. Wir leben in einer neuen Situation, und wir können die Uhr nicht zurückdrehen. Wir können gewiß nicht zum Corpus Christianum zurückkehren, ebensowenig — und das muß angesichts einer unter Christen verbreiteten Vorliebe für eine Art anarchistischen Romantizismus sehr nachdrücklich gesagt werden — können wir in eine vorkonstantinische Unschuld zurückkehren. Wir können das Beispiel der frühen Kirche nicht nachahmen, wir können uns nicht auf das manichäische Unternehmen einlassen, alle Macht als Übel zu betrachten, um unsere Hände nicht mit politischer Macht und damit Verantwortung für die Wirklichkeit schmutzig zu machen. Wir können die Geschichte nicht zurückdrehen, aber vielleicht können wir aus der Geschichte lernen. Vielleicht können wir lernen, wie man das Leben der Kirche als Zeugnis für die Herrschaft Christi über alles Leben gestalten kann — über das politische und wirtschaftliche Leben nicht weniger als über das persönliche und familiäre Leben — doch ohne erneut in die konstantinische Falle zu tappen. Das ist die neue, beispiellose und ungeheuer reizvolle Aufgabe für unsere Generation. Sie entschlossen anzugehen, ist Grundlage für jede wahrhaft missionarische Begegnung des Evangeliums mit unserer Kultur.

Um diese Aufgabe auch aus historischer Perspektive zu beleuchten, möchte ich zurückgehen auf Augustin, der gegen Ende seines Lebens in seinem größten Werk ein Bild von der Beziehung zwischen Kirche und Welt gezeichnet hat, das das Denken und Handeln des westlichen Christentums etwa tausend Jahre beeinflussen sollte. Auch bei der Diskussion über die Schnittstelle zwischen Theologie und Wissenschaft wäre eine Bezugnahme auf Augustin sinnvoll gewesen; denn er war es, der angesichts des Zusammenbruchs der antiken Weltanschauung mit dem Slogan »credo ut intelligam« (»ich glaube, damit ich verstehen kann«) einen neuen Zugang zur Erkenntnis eröffnete.[2] Er schuf eine neue Grundlage für kritisches Denken in der glaubenden Übernahme der beiden zusammengehörenden Dogmen von der Trinität und der Inkarnation. Ich glaube, daß Augustins Beispiel auch für unsere heutige Situation von Belang ist. Denn wir stehen vor einer wachsenden Desillusionierung über die moderne wissenschaftliche Weltanschauung. Und hier möchte ich auf einen anderen Aspekt im Werk Augustins aufmerksam

2. M. Polanyi, Personal Knowledge, S. 266 ff.

machen. Als Alarich die Ewige Stadt plünderte und damit den inneren und geistlichen Zusammenbruch der antiken Welt äußerlich sichtbar machte, erlebte Augustin eine Flut von Flüchtlingen — Heiden und Christen — aus Rom in seine Provinzdiözese und machte sich als alter Mann an seine größte Aufgabe, die Interpretation säkularer Geschichte im Licht des Evangeliums.

Als Augustin schrieb, war gerade erst ein Jahrhundert vergangen, seit zuerst ein Christ auf dem Kaiserthron saß. Christen und Heiden hatten auf allen Gebieten öffentlichen Lebens miteinander zu tun. Die Kirche wurde nicht verfolgt, aber das Reich Gottes in seiner Fülle war auch noch nicht gekommen. Christen waren über die ganze Welt verstreut als »peregrini«, genau übersetzt nicht »Pilger«, sondern »seßhafte Fremdlinge«[3]. Sie hatten Bürgerrecht in einem anderen Land. So lebten Bürger zweier Gemeinwesen (commonwealths) an jedem Ort zusammen: das eine, das irdische Gemeinwesen, beherrscht von der Eigenliebe, das andere von der Liebe Gottes. Letzteres wurde zwar nicht deckungsgleich mit der katholischen Kirche, aber doch mit denjenigen ihrer Mitglieder identifiziert, die sich wahrhaft von der Liebe Gottes leiten ließen. Augustin hatte sehr realistische Ansichten von den Übeln, die alle menschlichen Gemeinschaften — die Familie, die Stadt, das Volk — zu zerreißen drohten. In »Civitas Dei« hegt er keine sentimentalen Illusionen über eine natürliche Brüderlichkeit unter den Menschen. Und doch hält er daran fest, daß Liebe die Grundlage für jedes menschliche Zusammenleben ist; selbst mit ihren Kriegen wollen die Menschen in Wirklichkeit Frieden.[4] Aber Frieden gibt es nur, wo es Ordnung gibt, und Ordnung ist abhängig von der richtigen Regierung; aber eine Regierung, bei der einer dem anderen untergeordnet ist, ist nur dann eine rechte Regierung, wenn der Regierende für die Regierten als ihr Diener wirkt. Liebe ist daher die treibende Kraft für Ordnung. Augustins Konzept von der menschlichen Gesellschaft basiert nicht auf einem irgendwoher, beispielsweise vom Naturrecht abgeleiteten Begriff von Gerechtigkeit. Liebe, nicht natürliche Gerechtigkeit, hält auch das irdische Gemeinwesen zusammen. Denn Gott, der Meister, lehrt zwei Hauptgebote, die Liebe Gottes und die Nächstenliebe, worin der Mensch drei Dinge findet, die er liebt: Gott, sich selbst und den Nächsten. Und da, wer sich selbst liebt, dann nicht irrt, wenn er Gott liebt, so folgt, daß er dem Nächsten, den er ja lieben soll wie sich selbst . . ., helfe, Gott zu lieben, und daß er auch, wenn er dessen bedarf, den gleichen Dienst vom Nächsten fordere. Dann wird er im Frieden sein, soviel an ihm liegt, mit jedem Menschen, das ist in der geordneten Eintracht, die der Friede der Menschen ist.[5]

Liebe also bringt Ordnung zuerst in der Familie und unter Nachbarn und dann darüber hinaus in der Stadt und im Volk. Ohne diese aus Liebe ge-

3. S. Peter Brown, Augustine of Hippo, S. 323.
4. Civitas Dei XIX 5-7,12.
5. ebenda, XIX, 14.

gründete Ordnung kann auch ein irdisches Gemeinwesen nicht existieren. Die Liebe ist es, die Gerechtigkeit schafft. Wo also keine wahre Gerechtigkeit ist — also die Gerechtigkeit, wo der eine allmächtige Gott in seiner Gnade über einen gehorsamen Staat herrscht, wo keiner außer ihm angebetet wird und wo deshalb bei allen, die zu diesem Staat gehören und Gott gehorsam sind, der Geist den Leib und die Vernunft die Begierden in rechter Ordnung gewissenhaft regieren, und wo die Versammlung und das Volk von Gerechten leben wie ein Gerechter, also im Glauben, der durch Liebe tätig ist und in dem ein Mensch Gott liebt, wie er geliebt werden soll, und seinen Nächsten wie sich selbst — wo also solche Gerechtigkeit nicht ist, da ist gewiß keine Gesellschaft von Menschen, die durch Übereinstimmung im Recht oder in der Gemeinschaft gegenseitigen Dienstes in sich selbst verbunden ist. Wenn das die richtige Definition für ein Volk ist, folgt daraus, daß es dort kein Volk gibt, wo es solche Gerechtigkeit nicht gibt. Dann gibt es dort auch keine Republik, weil es kein Gemeinwohl geben kann, wo es keine Gerechtigkeit gibt.[6]

Der durch die Liebe tätige Glaube ist die Grundlage der Gerechtigkeit, und ohne Gerechtigkeit gibt es kein Gemeinwesen.

Daraus folgt, daß die, als Bürger der Gottesstadt, jetzt als seßhafte Fremdlinge in der irdischen Stadt leben, nun dennoch deren gute Ordnung suchen müssen. Werden sie in leitende und verantwortliche Stellungen berufen, werden sie diese Berufung im Geist des Dienstes für das gemeinsame Wohl annehmen müssen. Damit entsprechen sie Jeremias Mahnung »Suchet der Stadt Bestes« und der Haltung der frühen Christen, die zum Gebet für Könige und Herrscher ermahnt wurden. Auch das ist ein Akt des Gehorsams gegen das Gebot Gottes, nämlich das Liebesgebot. So werden nun die Bürger der himmlischen Stadt Frieden und gute Ordnung der irdischen Stadt suchen, nicht in Vorwegnahme, sondern in geduldiger Erwartung des Endgerichtes, an dem die beiden sichtbar unterschieden werden und die himmlische Stadt in all ihrer Schönheit erscheinen wird. Unterdessen sind die monastischen Gemeinschaften (in einer von ihnen war Augustin Mitglied) ein sichtbares Zeichen und die vorlaufende Darstellung einer Welt, in der allein die Liebe Gottes regiert, mitten in einer Welt, in der noch die Eigenliebe regiert.

In den tausend Jahren nach Augustins Tod hat diese Anschauung die Beziehung von Kirche und Gesellschaft im westlichen Europa beherrscht. Die öffentliche Welt mit Regierung, Bildung, Kauf und Verkauf, Herrschaft und Dienst, sollte soweit wie möglich geformt werden nach dieser Ordnungsvorstellung. In dieser Ordnung wird die Liebe sichtbar in den Beziehungen, die der hierarchischen Ordnung entsprechen. Dort ist Gott als die Quelle aller Liebe das Haupt. Dabei gibt man sich keiner Illusionen über die Realität der Sünde hin, die diese Ordnung ständig bedroht. Aber die größere Realität ist

6. ebenda XIX, 23.

der höchste Schöpfer und Richter, der am Ende die Gerechten von den Ungerechten scheiden wird und gleiche Gerechtigkeit für alle, für Bauer oder Papst, gelten läßt.

Und doch wurde diese Ordnung in dem tausendjährigen Zeitabschnitt immer und immer wieder durch Bewegungen in Frage gestellt, die ihre Inspiration aus den apokalyptischen Zügen biblischer und nachbiblischer Schriften bezogen. Diese Schriften waren Ausdruck des Zorns und der Verzweiflung derer, die den Gegensatz zwischen dem Evangelium Jesu und der Weltlichkeit der Kirche sahen und die immer wieder die bevorstehende Katastrophe für diese Welt und das Kommen des himmlischen Jerusalem verkündeten. In Norman Cohns faszinierender Zusammenstellung chiliastischer Bewegungen, die in dieser Zeit aufkamen, wird als erstes Beispiel eine Bewegung aus der Zeit nur 150 Jahre nach dem Tod Augustins aufgeführt.[7] Die Reihe solcher Bewegungen beginnt mit den Kreuzzügen ganzer Völker und reicht über die Flagellanten, die Brüder vom Freien Geist, die Taboriten in Böhmen und die Bauernaufstände bis hin zum messianischen Reich des Johann von Leyden in Münster und den Ranters in England. Im Zentrum all ihrer Visionen steht das völlige Verschwinden der bestehenden politischen, wirtschaftlichen und kirchlichen Ordnungen und ihre Ersetzung durch irgendeine Art Theokratie — sei es mit einem halbgöttlichen Herrscher oder mit auserwählten Heiligen. Und man kann unschwer erkennen, daß sich diese Reihe in der intellektuellen Krisis der Aufklärung fortsetzt und in der himmlischen Stadt der Philosophen des 18. Jahrhunderts wieder auftaucht, wie es Carl Becker in seinem Buch beschrieben hat.[8] Im Verlauf des 19. Jahrhunderts mündete diese Sicht in die beiden verwandten Visionen, die das 20. Jahrhundert beherrschen: den liberalen kapitalistischen Traum eines unaufhaltsamen Fortschritts auf eine immer aufgeklärtere, freiere und glücklichere Welt hin; und den marxistischen Traum von der Apokalypse der Freiheit durch einen Umsturz, der Privateigentum und Staat zerstört und eine Gesellschaft völliger Harmonie schaffen wird.

Wir leben in einer Zeit, in der diese beiden Visionen sich auflösen. Man kann wie Langdon Gilkey behaupten, daß die einzig überzeugten Marxisten heute die Dissidenten im Westen sind und die einzig überzeugten Liberalen die Dissidenten im Osten. Trotz ihres Gegensatzes haben die beiden Ideologien, die auf den beiden Seiten des eisernen Vorhangs offiziell in Kraft sind, eins gemeinsam: sie sind beide atheistisch. Die eine versucht erfolglos Atheismus im privaten und öffentlichen Leben durchzusetzen. Die andere gesteht zwar Glaube an Gott als eine Entscheidungsmöglichkeit für das private Leben zu, aber erlaubt ihm keine bestimmende Rolle im öffentlichen Leben.

---

7. N. Cohn, The Pursuit of the Millennium.
8. C. Becker, The Heavenly City of the Eighteenth Century Philosophers (1967).

Wir müssen nun noch einen kurzen Blick werfen auf die Schritte, mit denen das Christentum sich von der mittelalterlichen Vorstellung, Wirtschaftsfragen seien Teil der Ethik und darum abhängig von der Theologie, hin zu der modernen Vorstellung bewegte, Wirtschaftsfragen seien eine Wissenschaft für sich, mit der die Theologie nichts zu tun habe.

R. H. Tawneys klassische Studie »Religion and the Rise of Capitalism« weist nach, daß die lutherischen und calvinistischen Reformatoren selbstverständlich daran festgehalten haben, daß sich ein Christ in seinem Umgang mit Geld und Besitz genauso wie in allem anderen Handeln nach Gottes Gebot zu richten habe.

Luther hat den aufkommenden Kapitalismus des 15. und 16. Jahrhunderts in Deutschland als ein Werk des Teufels bezeichnet und damit an der bisherigen Lehre festgehalten, die Kreditzinsen absolut verbot und die den Verkauf von Waren zum höchst erreichbaren Preis als Sünde verdammte. Aber bezeichnenderweise hat er keinen Versuch gemacht, die mittelalterliche Kasuistik zu revidieren, um sie den neuen ökonomischen Gegebenheiten anzupassen; es genügte, daß der aus Gnade gerechtfertigte Mensch seinen Nächsten in allen Lebensbereichen zu lieben lernte durch das Hören auf die Schrift und durch sein Gewissen.

Calvin hingegen war den ökonomischen Kräften, die Europas Gesellschaft veränderten, viel näher als Luther und erkannte, daß Kredit als notwendiges Element zum Wachstum von Handel und Industrie gehörte. Er gestand also einen tragbaren Zins zu, wenn Anleihen zum Zweck des Wachstums aufgenommen wurden, änderte aber keineswegs die bisherige Lehre, daß all dies dem Gebot Gottes unterliege. Calvin bejahte die urbane Gesellschaft mit Handel und Industrie und suchte ein Gemeinwesen zu schaffen, in der alles Handeln — politisch, wirtschaftlich oder kulturell — in Einklang gebracht werden konnte mit der Bestimmung allen menschlichen Lebens, wie sie in der Heiligen Schrift zum Ausdruck kommt, nämlich der Ehre Gottes und des Heils der Menschen.

Sowohl für Luther als auch für Calvin wäre die Behauptung, menschliches Verhalten im ökonomischen Bereich liege außerhalb der Zuständigkeit der Theologie, eine unbegreifliche Blasphemie gewesen. Im Gegenteil, Kaufen und Verkaufen, Lohnarbeit, Ansammeln von Besitz und Einfriedung von Land — sind genau die menschlichen Tätigkeiten, die am dringendsten unter der Mahnung stehen, daß Gottes Gebot für alle Menschen gilt und sie ihm Rechenschaft schulden darüber, wie sie mit ihrem Nächsten umgehen.

Natürlich hat es nie eine Zeit gegeben, in der es leicht war, daran zu denken; aber im 15. und 16. Jahrhundert waren Kräfte am Werk, die das außerordentlich schwer machten. Die verheerenden Auswirkungen der Pest hatten die feudale Gesellschaft zerrüttet. Die Entdeckung der neuen Welt überflutete Europa mit Silber und Gold und führte zu einer ungeheuren Inflation der

Preise, zerstörte das bisherige Gleichgewicht in der Gesellschaft und ermöglichte eine nie dagewesene Verbreitung des Handels bis an die äußersten Länder der Erde. Die alten Maßstäbe für Löhne, Preise, Zinsen und Pachten waren nicht mehr einzuhalten. Kapital war jetzt nicht mehr in erster Linie eine Unterstützung für die Arbeit des kleinen Handwerkers; es wurde immer mehr zum Meister, der das ökonomische System beherrschte.

Im 16. und 17. Jahrhundert haben protestantische Theologen weiter daran festgehalten, daß Christi Gebot sich auch auf alle ökonomischen Prozesse bezieht: sie verurteilten die Ansammlung von Kapital, die Einfriedung von Ländereien und die Unterdrückung der Armen. Und einige wie z.B. William Law und John Wesley, vertraten diese Lehre noch bis ins 18. Jahrhundert hinein. Aber da gab es dann auch die anderen Kräfte, die die Munition lieferten für die Begehrlichkeit des natürlichen Menschen gegen donnernde Prediger wie Luther oder stille pastorale Ratgeber wie Richard Baxter. Eine dieser Kräfte war die Weiterentwicklung des Calvinismus; die andere ergab sich aus der neuen Philosophie und Naturwissenschaft von Descartes und Newton. Die puritanische Weiterentwicklung des Calvinismus übernahm von Genf sowohl die Vorstellung, ökonomisches Handeln stehe unter Gottes Gebot, als auch den großen Nachdruck des Reformators auf die persönliche Verantwortung jedes Christen, seine Berufung und Erwählung in einem Leben harter Arbeit, Selbstverleugnung, Ordnung und strenger Disziplin unter Beweis zu stellen. Das waren die Eigenschaften, die in der neuen und aufstrebenden Welt von Handel und Industrie im Europa des 17. Jahrhunderts zum Erfolg führten. So kam es, (das ist natürlich eine schon oft wiederholte Feststellung) daß viele von Calvins erfolgreichsten Anhängern die strengen Grenzen vergaßen, die er für ökonomisches Handeln gesetzt hatte, und nach Tawney »die Berufung auf wirtschaftliche Nützlichkeit mit dem Heiligenschein ethischer Weihe« versahen — was dabei herauskam, hätte gewiß nicht den Beifall des Genfer Konsistoriums gefunden.

Aber die andere Kraft, die ich nannte, war von längerer Dauer und ist heute von größerer Bedeutung. Das war und ist das von den Philosophen der Aufklärung inspirierte Menschenbild des sogenannten »geometrischen Geistes«. Es ging davon aus, daß Newtons Physik das richtige Modell für die Erklärung aller Dinge war. Es suchte daher wirtschaftliches Verhalten nicht von der vornehmlichen Bestimmung des Menschen her zu verstehen, sondern von Gesetzen, die man in mathematischen oder mechanischen Formen ausdrücken konnte. Sir William Petty, Verfasser des einflußreichen Werkes »Politische Arithmetik« (1690), formulierte deren Ziele folgendermaßen: »Sich mit Zahlen, Gewichten oder Maßen auszudrücken, nur Argumente der Vernunft zu gebrauchen, und sich nur mit solchen Angelegenheiten zu befassen, die in der Natur sichtbare Anhaltspunkte haben; dagegen solche außer acht zu lassen, die auf dem schwankenden Grund von Gedanken, Ansichten, Trieben und Leidenschaften bestimmter Menschen beruhen, damit andere sie beachten«. Hier erkennen wir deutlich einen frühen Ansatz, wie Bestimmung als Erklärungskategorie eliminiert wird, wie man entschlossen jede Art von Erklärung in universal anerkannten natürlichen Ursachen sucht und wie man einen Bereich öffentlicher Fakten von einem Bereich persönlicher Werte in der uns nun bekannten Weise trennt.

Die Weiterentwicklung der autonomen Wirtschaftswissenschaft stützt sich seither auf die Annahme, daß auf diesem Gebiet Selbstinteresse eine universale, natürliche und berechenbare Kraft ist, analog den Kräften von Trägheit und Schwerkraft auf dem Gebiet der Physik. Folgerichtig entsteht dann eine Wirtschaftswissenschaft, die so mathematisch und von Theologie unabhängig ist wie Newtons Physik. Und weil im 18. Jahrhundert die Natur die Stelle Gottes eingenommen hat und auch sein gütiges Wesen erbte, ergibt es sich von selbst, daß die Verfolgung eigener Interessen sich mit dem Willen Gottes deckt. Alexander Pope hat wie üblich den Glauben seiner Zeit auf eine prägnante Formel gebracht:

> Gott und Natur gemeinsam formten hier den weiten Rahmen,
> in dem die Eigen- und die Nächstenliebe dann zusammenkamen.

Die traditionelle christliche Ethik hat die Begehrlichkeit unter die Todsünden gerechnet, und Paulus hat es mit Götzendienst gleichgesetzt, wenn etwas, das nicht Gott ist, an die Stelle Gottes gesetzt wird. (Kolosser 3,5). Das 18. Jahrhundert hat in einer bemerkenswerten Umkehrung in der Begehrlichkeit nicht nur ein Naturgesetz, sondern geradezu die Triebkraft des Fortschritts gefunden, in dem sich die Bestimmung der Natur und des Naturgottes erfüllt.

Wir kennen die enormen Folgen, die sich aus dieser Umkehrung traditioneller Werte ergeben haben. Sie hat die bis dahin herrschende Annahme zerschlagen, die von uns bewohnte Welt sei im Grunde stabil und endlich, und bei ökonomischen Fragen gehe es infolgedessen nur um das Teilen begrenzter Ressourcen. Die Umkehrung der Werte hat den Brennpunkt des Interesses von der Verteilung zur Produktion verschoben. Sie hat uns vertraut gemacht mit der Vorstellung eines unaufhörlichen und grenzenlosen Wachstums, unendlicher Möglichkeiten wachsender Beherrschung der Natur, die uns immer neu mit Nahrung, Material und Energie versorgt. In einer solchen Welt besteht Ökonomie hauptsächlich aus wachsender Produktion. Dabei wird vorausgesetzt, daß die Produktion ständig wächst und sich die Verteilung von selbst regelt, wenn nur jeder sein vernünftiges Eigeninteresse wahrnimmt. Zweihundert Jahre nach der Aufklärung leben wir in einer Welt, in der einige Millionen Menschen einen materiellen Wohlstand genießen, wie ihn damals nur wenige Herrscherfamilien aufweisen konnten, aber in der die Kluft zwischen der reichen Minderheit und der äußerst armen Mehrheit gewaltig ist und sich beständig vergrößert. Deshalb ist diese Welt wie nie zuvor von zerstörerischer Gewalt bedroht.

Im Protest gegen die Ungerechtigkeiten einer ungehemmten freien Marktwirtschaft verheißt der marxistische Glaube die Hoffnung auf eine Apokalypse, in der die Besitzlosen die Macht ergreifen, die Unterdrücker verschwinden und alle Menschen für immer in vollkommener Harmonie leben. Als diese Vision immer weiter in die Zukunft rückte, versuchten die marxistischen Staaten, die Dynamik moderner Wissenschaft mit der staatlichen Kontrolle aller Wirtschaftstätigkeit zu verbinden, um in der Besitzverteilung die Gleichheit einigermaßen sicherzustellen. Im Streben nach dieser Gleichheit opfern sie die Freiheit des Einzelnen, so wie kapitalistische Staaten diese Gleichheit im Namen der Freiheit opfern. Doch jedes dieser Systeme kann nur überleben, wenn sie ihre starre Ideologie modifizieren. Alle marxistischen Regierungen haben freiem Unternehmertum einen gewissen Raum einräumen müssen, und alle kapitalistischen Regierungen haben mit Staatsgewalt den Ungerechtigkeiten ein Ende setzen müssen, die durch eine ungehemmte Marktwirtschaft entstanden.

Dabei zeichnete jede Seite die andere als schiere Inkarnation des Bösen, und die selbstgerechte Heftigkeit ihres ideologischen Krieges bedroht uns zum ersten Mal in der Geschichte der Menschheit mit der Auslöschung der Menschenrasse. Die Philosophen des 18. Jahrhunderts verkehrten die christliche Vision von der Stadt, die aus dem Himmel kommt, in das Unternehmen, die himmlische Stadt schon auf Erden bauen zu wollen. Dieser radikale Abfall vom Glauben hat uns nun an einen Punkt gebracht, wo wir uns vor einer anderen Art Apokalypse sehen, der Drohung einer globalen Vernichtung und der Auslöschung des Menschengeschlechtes.

Doch der biblische und klassische christliche Glaube, daß Christus über alles Leben herrscht, ist niemals ganz verlöscht. Christlicher Glaube hat nicht nur Programme zur Rettung von Opfern eines ungehemmten Kapitalismus inspiriert, sei es durch Sozialgesetze oder durch freiwilligen Einsatz für Leidende, sondern er hat auch dazu beigetragen, daß eine Neustrukturierung des Wirtschaftslebens angegangen wurde. Nicht marxistischer christlicher Sozialismus hat eine rühmliche Geschichte mit wirklichen Errungenschaften aufzuweisen. Die römisch-katholische Kirche hat immer auf ihrem Recht und ihrer Pflicht bestanden, auch in Wirtschaftsfragen ethische Urteile abzugeben, und die nichtrömischen Kirchen haben — besonders seit Beginn der ökumenischen Bewegung — durch nationale und weltweite Gremien ebenso gehandelt. Zur Zeit sind wir Zeugen einer starken Gegenbewegung, die entweder behauptet, die Kirchen dürften sich in Wirtschaftsfragen nicht einmischen, oder — wie Michael Novaks »The Spirit of Democratic Capitalism« — dreist behauptet, Kapitalismus sei diejenige Wirtschaftsform, für die Christen eintreten müßten. Ein kurzer Blick auf Novaks Standpunkt bringt uns ins Zentrum unserer heutigen Diskussion.

Wesentlich für Novak ist die Trennung der drei Elemente öffentlichen

Lebens: des politischen, des wirtschaftlichen und des sittlich kulturellen. Dies seien getrennte Gebiete und jeder Versuch eines dieser Gebiete, die anderen zu beherrschen, wäre verheerend. Im wirtschaftlichen Bereich gelte das Grundgesetz, daß nur die freie Ausübung vernünftigen Eigeninteresses auch allgemeines Wohlergehen sicherstellen kann. Mittelalterliche Vorstellungen eines gerechten Preises und angemessenen Lohnes gehörten zu einer statischen Wirtschaftsstruktur, seien aber ausgesprochen schädlich für ein Wirtschaftswachstum. Jeder Mensch müsse die Freiheit haben, seine Lage zu verbessern, so gut er kann. Und er allein könne beurteilen, was für ihn besser ist. Da könne es keine aufgezwungene, ja nicht einmal eine allgemein akzeptierte Norm geben dessen, was gut ist. In der Welt ökonomischer Werte »ist das zentrale Heiligtum leer«, denn kein Bildnis könne angemessen zum Ausdruck bringen, was letztlich gut ist.[9] Jeder Versuch einer Unterordnung der Wirtschaft unter die Ethik werfe uns zurück unter die klerikale Herrschaft, der wir entrinnen müßten, um mehr Wachstum zu erreichen; und jede allgemein anerkannte Vision einer Gesellschaftsordnung sei eine Verletzung der Transzendenz.[10] Aber neben der Wirtschaftsordnung gebe es nun auch die sittlich kulturelle Ordnung. Wir erfahren von Novak nicht, was hier das Bildnis im Zentralheiligtum sein soll, wenn es denn eines gibt. Aber er läßt uns immer wieder wissen, daß der Kapitalismus nur dann richtig wirke, wenn alle Beteiligten sich gewissenhaft verhalten. »Kapitalismus«, so schreibt er, »beruht auf einem sittlich kulturellen System, das vom Staat unabhängig ist«.[11] »Kapitalismus«, so fährt er fort, »braucht eine starke sittliche Führung«. Daher habe die Familie, wo die sittlichen Werte gepflegt werden, in einer kapitalistischen Gesellschaft unveräußerliche Rechte.

Wenn man aber sagt, der Kapitalismus brauche eine gewisse sittliche Grundlage, muß man auch sagen, daß er in einer rein säkularen Gesellschaft nicht auf Dauer überleben kann. So war kürzlich zu lesen: »Die selbstlose Hingabe, die für das Entstehen der kapitalistischen Weltordnung und für das öffentliche Leben der Industrienationen lebenswichtig und aus einem religiösen Gedankensystem erwachsen war, kommt einem nun vor als eine Art sittlicher Verpflichtung, die heute niemand mehr wahrnimmt«.[12] Das aber heißt, daß Kapitalismus kein selbsterhaltendes System sein kann. Er hängt an einem sittlich kulturellen System und kann von ihm nicht getrennt werden. Aber moralische Imperative eignen sich nicht dazu, nur als nützliche Stützpfeiler für eine profitbringende Wirtschaftsordnung zu wirken. Wenn sie nicht verwurzelt sind in einer bestimmten Anschauung von der Ordnung des Universums, dann versagen sie; und wenn sie darin verwurzelt sind, dann ist

---

9. M. Novak, The Spirit of Democratic Capitalism, S. 53-54.
10. ebenda S. 70.
11. ebenda S. 85.
12. V. Wilson, zitiert bei Habgood, Church and Nation in a Secular Age, S. 47.

die Wirtschaftsordnung nicht mehr von deren Maßgabe zu trennen. Beruht Kapitalismus auf den Einsichten eines sittlichen Gewissens, dann muß dieses Gewissen auch Autorität über die Arbeitsweise kapitalistischer Wirtschaft beanspruchen.

So erscheint Novaks Argumentation sowohl unlogisch als auch — wo sie logisch ist — antichristlich. Ihre Unlogik liegt offen zutage. Das Gewissen, das den Kapitalismus in Gang halten soll, hat keine ontologische Basis. Es ist aus einer früheren Weltanschauung übernommen. Es ist ein Fragment, ein aus älterer Anschauung übrig gebliebenes Bruchstück, das neu aufgearbeitet wurde, um das neue System in Gang zu halten. Aber moralische Imperative behalten ihre Kraft nur als Teile eines lebendigen Glaubenssystems, einer Vision von der Wirklichkeit. Moralische Imperative kann man nicht ausleihen, um ein völlig anderes Wertesystem zu stützen. Jacques Maritain sagte einmal: »Im Leben eines Volkes kann schwerstes Unheil entstehen, wenn moralische Grundsätze, die seinem politischen Handeln nicht innewohnen, von außen herangetragen werden, denn das bedeutete die Aufbürdung apolitischer sittlicher Werte auf eine amoralische Konzeption von Politik.«[13] Ein Gewissen, dem nicht erlaubt wird, die Ziele wirtschaftlichen Handelns selbst zu wählen, ist kein Gewissen in dem Sinn, in dem jeder Moralist, ob Heide oder Christ, jemals diesen Begriff verstanden hat. Und die Familie (die Novak für lebenswichtig für den Geist des demokratischen Kapitalismus hält) ist genau der Ort, wo die nichtkapitalistischen Werte gelernt werden müssen, wo man sich seine Mitmenschen nicht aussuchen kann und wo man sein Eigeninteresse nicht bis zum äußersten verfolgen kann. Weil der Kapitalismus das Gegenteil anstrebt — die Freiheit jedes Einzelnen, seine eigenen Ziele bis an die Grenze seiner Möglichkeiten zu suchen und zu verfolgen — ist die Auflösung von Ehe und Familienleben eines der deutlichsten Kennzeichen fortgeschrittener kapitalistischer Gesellschaften. Und wo Novaks Argumentation logisch ist, ist sie antichristlich. Wer das Zentralheiligtum leer nennt, leugnet die Inkarnation.

Die treibende Kraft des Kapitalismus ist, wie Novak zutreffend unterstreicht, der Wunsch des Einzelnen, seine materielle Lage zu verbessern. Das Losbinden dieser Kraft von den Zügeln traditioneller christlicher Sittlichkeit hat statische Gesellschaften verwandelt in die dynamische und wachsende Gesellschaft, zu der wir gehören. Niemand wird die Wirklichkeit dieser Triebkraft oder den Umfang dessen, was sie geleistet hat, bestreiten. Das Neue Testament nennt diese Kraft »Begehren«. Das kapitalistische System wird angetrieben von der unablässigen Stimulation des Begehrens. Der apostolische Rat, ein Mensch solle sich mit Nahrung und Kleidung begnügen (1. Timotheus 6,8) ist mit dem Leben in unserer Art Gesellschaft unvereinbar, und man sollte das besser offen zugeben, wie es Novak tut. Das Heiligtum muß

13. J. Maritain, True Humanism. S. 214.

leer gemacht werden, wenn der Kapitalismus gedeihen soll. Der moderne Kapitalismus hat eine Welt geschaffen, die sich völlig unterscheidet von allem, was man vorher kannte. In früheren Zeiten hat man angenommen, daß Ressourcen begrenzt sind und daß Ökonomie — Haushalterschaft — eine Sache ihrer gerechten Verteilung ist. Seit Adam Smith haben wir umdenken müssen und gehen nun davon aus, daß Wachstum das Grundgesetz der Wirtschaft ist und ihm keine Grenzen zu setzen sind. Die Folge ist, daß Produktionssteigerung zum Selbstzweck wird; Produkte sollen absichtlich schnell veralten, um Platz zu machen für neue Produktion; eine Minderheit der Weltbevölkerung wird unaufhörlich bedrängt, ihre Bedürfnisse zu steigern, um diesen Prozeß in Gang zu halten, während die Mehrheit nicht einmal das Notwendigste zum Leben hat; so ist das ganze Ökosystem, auf dem menschliches Leben beruht, vom Zusammenbruch bedroht. Wachstum geschieht um des Wachstums willen und ist nicht gebunden an eine übergeordnete soziale Bestimmung. Und das ist offensichtlich eine genaue Beschreibung des Phänomens, das man bei seinem Auftreten im menschlichen Körper Krebs nennt. Überschaut man die gesamte Geschichte, wird man kaum bestreiten können, daß der wuchernde Kapitalismus der letzten 250 Jahre künftig als außerordentlich bösartiger Fall von Krebs im Körper der menschlichen Gesellschaft diagnostiziert werden wird — wenn dieser Krebs nicht zum Tode führt und es dann keine Überlebenden mehr gibt, die diese Diagnose stellen können.

Doch ich möchte auch eingestehen, daß mich vieles von Novaks Kritik am Sozialismus überzeugt hat. Es stimmt doch, daß Sozialisten, einschließlich christlicher Sozialisten, den Kapitalismus gerne nach seiner gegenwärtigen Praxis beurteilen, aber den Sozialismus nach einem Ideal, das nirgendwo je zur Praxis geworden ist. Da gibt es einen rührenden Katalog sozialistischer Regime, die erst als Vorbilder gepriesen und den Christen zur Nachahmung empfohlen wurden, sich dann aber als völlig durchsetzt von Korruption und Illusionen erwiesen. Novak hat sicher recht, wenn er viele Formen des christlichen Sozialismus als eigentlich utopisch beschreibt. Sie sind Politik im Nirgendwo.

Die Auseinandersetzung zwischen dem Kapitalismus der sogenannten freien Welt und dem Sozialismus der Sowjetunion und seiner Verbündeten, ist intellektuell so trocken geworden wie praktisch gefährlich. Jede Seite kann mit vernichtender Wirkung auf die Fehler der anderen verweisen, aber jede macht sich lächerlich, wenn sie die eigenen zu verbergen sucht. Beide Seiten haben ihr moralisches und intellektuelles Kapital verschleudert. Aber eine wirklich missionarische Begegnung des Evangeliums mit unserer Kultur kann hinter diesen sinnlosen und unendlich gefährlichen Konflikt zurückgehen, um die gemeinsamen Grundanschauungen, auf die sich beide Seiten stützen, in Frage zu stellen. Diese Anschauungen wurden lange als axiomatisch angesehen, sind aber in Wirklichkeit trügerisch. Christen können natürlich, dafür gibt es Beispiele in unserer Zeit, unter jedem Regime leben und Zeugnis geben, wie immer dessen Ideologie aussieht. Aber sie können niemals Zuflucht in einem Ghetto suchen, in dem ihr Glaube nicht mehr als öffentliche Wahrheit für alle Menschen verkündet werden kann. Sie werden es niemals hinnehmen können, daß für sie andere Regeln gelten sollten als für die Welt. Sie werden niemals zugeben können, daß es Bereiche menschlichen Lebens gibt, in denen das Gebot Christi nicht gilt. Sie werden niemals hinnehmen können, daß es Schöpfungsordnungen oder Mächte oder Gewalten gibt, die Christus nicht zu Diensten sein müssen. Wie immer institutionelle Regelungen zwischen Kirche und Staat aussehen — und es gibt da eine ganze Reihe von möglichen Beispielen, von denen keines das einzig richtige für alle Zeiten und an allen Orten sein muß — die Kirche wird niemals aufhören können, auch die Regierenden daran zu erinnern, daß sie unter der Herrschaft Christi stehen und er allein all ihr Tun richten wird. Die Kirche wird niemals die These akzeptieren können, daß das Zentralheiligtum des öffentlichen Lebens leer ist bzw. nicht vor den Augen der ganzen Welt die Bestimmung offenbart wurde, auf die hin alle Dinge und alle Menschen geschaffen wurden und der alle Regierungen dienen müssen. Sie wird niemals einen absoluten Pluralismus als Bekenntnis akzeptieren, auch wenn sie — natürlich — Pluralität als eine Tatsache anerkennen muß. Natürlich kann sie auch den vor zwanzig Jahren so populären Gedanken einer säkularen Gesellschaft, in der es im Prinzip keine allgemein anerkannten Normen gibt, nicht akzeptieren. Wir wissen heute, so meine ich, daß das einzig mögliche Produkt dieser Idealvorstellung eine heidnische Gesellschaft ist. Die Natur des Menschen verabscheut ein Vakuum. Das Heiligtum bleibt nicht leer. Wenn das eine wahre Gottesbild, Jesus Christus, dort nicht steht, wird ein Götzenbild seinen Platz einnehmen. Der Götzendienst unserer Kultur ist unschwer beim Namen zu nennen; Paulus hat das bereits getan. Andererseits kann es kein Zurück geben zur Ära des Corpus Christianum, in dem sich die Kirche mit der herrschenden Macht identifizierte. In dieser Beziehung ist die Bewegung der Aufklärung unumkehrbar. Tatsächlich können wir heute beobachten, wie man eine Gesellschaft nach Art des Corpus Christianum in der Welt des Islam zu errichten sucht. Von den Ereignissen im heutigen Iran können wir viel lernen. Warum wohl verurteilen seine Führungskräfte Amerika und Rußland gleichermaßen als Handlanger Satans? Sie haben gesehen, wie das Gefüge ihrer eigenen Gesellschaft, des Familienlebens, der Sexualethik und ihre Vorstellung vom Sinn menschlichen Lebens sich aufzulösen begann, und zwar unter dem Einfluß der Gedanken, die über diese beiden Kanäle Rußland und Amerika von der europäischen Aufklärung her zu ihnen kamen. Wir können das verstehen und sogar mitfühlen, aber wir können dem nicht folgen. Der Islam bestreitet die christliche Lehre von der Ursünde und glaubt deshalb an die Wirklichkeit einer völligen Gleichsetzung staatlicher Gesetze mit dem Gebot Gottes. Im islamischen Denken sind Kirche und Staat eine Einheit ohne Unterscheidung ihrer Funktion. Diesen Weg können wir nicht mitgehen. Die Sakralisierung der Politik, die totale Gleichsetzung eines politischen Zieles mit Gottes Willen, das wird immer dämonische Kräfte entfesseln.

Die gleiche Erscheinung, aber unter christlichem Vorzeichen, beobachten wir beim Auftreten der sogenannten »Religiösen Rechten« in den Vereinigten Staaten. Die geistlichen Führer dieser Bewegung bejahen zwar die biblische Lehre, daß die menschliche Natur durch die Sünde völlig verdorben ist, aber als »wiedergeborene Christen« sehen sie sich selbst nicht mehr unter der Wirkung der Sünde. Sie identifizieren ihre eigene Sache bedingungslos mit der Sache Gottes, betrachten ihre Kritiker als Werkzeuge Satans und sind offensichtlich auf die Vernichtung des Menschengeschlechtes in einer apokalyptischen Katastrophe gefaßt, in der das nukleare Waffenarsenal der Vereinigten Staaten das Instrument Jesu Christi für die Erfüllung dieser Bestimmung gegen die Sowjetunion als Zitadelle des Bösen ist. Diese Vermengung einer Reihe sonderbarer und irriger politischer und moralischer Urteile mit der Sache Jesu Christi ist gefährlicher als die offene Ablehnung des Anspruchs Jesu Christi durch den Islam, so wie der Schrein Jerobeams in Bethel für den Glauben Israels gefährlicher war als das offene Heidentum seiner Nachbarn, denn in Bethel wurde der Baalsdienst nun unter dem Namen Jahwes fortgeführt. Die »religiöse Rechte« benutzt den Namen Jesu, um den Absolutheitsanspruch einer nationalen Tradition abzusichern. (Vgl. 1.Könige 13 sowie Karl Barths ausführlichen Kommentar dazu in »Kirchliche Dogmatik« II/2, S. 434ff.).

Aber die Sprachregelung der »moralischen Mehrheit« ist nur eine weitere Entwicklung in der Ideologisierung der Politik, die aus der Aufklärung stammt. Ghita Ionescu hat in »Politics and the Pursuit of Happiness« (Politik und das Streben nach Glück) die Geschichte dessen, was er »Jakobinisches Protosystem politischen Glücks« nennt, über seine liberal utilitaristischen und marxistischen Erscheinungsformen bis zu unserer heutigen Situation verfolgt. Politik ist nach Ionescus Verständnis »die Regelung der Koexistenz von Menschen innerhalb eines Ordnungssystems, mit der Aussicht, es in Gegenwart und Zukunft zu verbessern«[14]. Die Aufklärung hatte eine neue Vorstellung von Politik entstehen lassen, daß sich nämlich Glück durch ein politisches System erreichen lasse und dieses Glück das Ziel der Politik sei.

Wo immer der Himmel auf die Erde heruntergeholt werden soll, bringt man am Ende die Hölle herauf. Die volle Offenbarung der himmlischen Stadt liegt jenseits des Horizonts irdischer Geschichte. Aber von ihrer Vision muß sich christliches Handeln innerhalb dieser Geschichte leiten lassen, und solches Handeln kann keine Trennung des privaten vom öffentlichen Leben hinnehmen. Die Kirche wird sich zwar niemals mit dem Reich Gottes identifi-

14. G. Ionescu, Politics and the Pursuit of Happiness, S. 1-2.

zieren können und wird immer die Rolle einer Dienerin, Zeugin und eines Zeichens für das Reich zu spielen haben, aber die Kirche kann auch niemals eine Einschränkung ihrer Rolle auf den privaten Sektor hinnehmen. Die Kirche bezeugt das wahre Ziel, auf das hin die ganze Schöpfung und alle Menschen leben, sie bezeugt die Wahrheit, an der alle angeblichen Werte zu messen sind. Und Wahrheit muß öffentliche Wahrheit sein, Wahrheit für alle. Eine private Wahrheit für einen begrenzten Kreis von Glaubenden ist gar keine Wahrheit. Auch der frömmste Glaube wird früher oder später schwanken und versagen, wenn er sich der öffentlichen Debatte nicht stellt und sich auf den Prüfstand der Erfahrung in allen Bereichen des Lebens begibt. Wenn der christliche Glaube von Ursprung und Ziel menschlichen Lebens keinen Zugang zur Öffentlichkeit erhält, wo die Entscheidungen über die großen Sachfragen des gemeinsamen Lebens gefällt werden, dann kann er auf Dauer nicht einmal als Grundentscheidung einer Minderheit überleben.

Wenn es weder eine völlige Identifikation von Kirche und politischem System noch ein völlige Trennung zwischen ihnen geben kann, und das glaube ich, dann läßt sich über die Regelung ihrer gegenseitigen Beziehung viel diskutieren. Die Frage, wie christliches Zeugnis das öffentliche Leben in einer nachaufklärerischen Gesellschaft beeinflussen kann, wird uns im letzten Kapitel beschäftigen. Zum Schluß dieses Kapitels möchte ich aber den Versuch machen, den Inhalt der Vision näher zu beschreiben.

Sowohl Kapitalismus als auch Sozialismus beziehen ihre Kraft aus einer bestimmten Vision vom menschlichen Leben, und diese Vision hält sie auch angesichts ihrer Fehlschläge aufrecht. Für den Kapitalismus ist das die Vision der Freiheit — die Freiheit des einzelnen Menschen, seine Fähigkeiten zu entfalten, den größtmöglichen Erfolg zu erreichen und sich am Lohn seiner Leistung zu freuen. Für den Sozialismus ist es die Vision der Gleichheit; in ihrer besten Form war das eine Vision von Brüderlichkeit und Gemeinschaft, aber in der Praxis wurde sie dann oft abgeschwächt zu einer Vision lediglich gleicher Rechte für jeden Menschen als autonomer Einzelperson. In dem einen Fall wird Freiheit zu Lasten der Gleichheit, im anderen Gleichheit zu Lasten der Freiheit angestrebt. Beide lassen sich zurückführen auf die Vision der Aufklärung, daß Menschen autonome Einzelwesen sind mit angeborenen und gleichen Rechten, selbstgewählte Ziele im Rahmen ihrer Möglichkeiten anzustreben. Jede Ideologie kann die andere beschuldigen, die gemeinsame Grundüberzeugung zu verletzen, durch Einschränkung der Freiheit bei den einen und durch Verletzung der Gleichheit bei den anderen.

Ich glaube, daß sich die christliche Ansicht von Gottes Bestimmung für die Menschenfamilie von diesen beiden unterscheidet und sich aus einer eigenen Grundanschauung vom Wesen des Menschen ableitet. Die Bibel ist von der ersten bis zur letzten Seite erfüllt mit einer Vision vom Wesen des Menschen, deren Grundlage weder Freiheit noch Gleichheit ist; grundlegend allein ist

Verbundenheit. Der Mensch — als Mann und Frau — ist für Gott so geschaffen, daß zu seiner Gottesebenbildlichkeit auch dieses Aneinandergebundensein in der tiefsten aller gegenseitigen Bindungen gehört. Gott bindet sich selbst an eine Bundesbeziehung mit Männern und Frauen, denen er treu bleibt, koste es, was es wolle, wie treulos auch immer sein Bundespartner sei. Und Menschen und Völker sind berufen, in verbindlichen und brüderlichen Bundesbeziehungen zu leben. Menschen erreichen ihr wahres Ziel in solcher Verbundenheit, in den Bindungen gegenseitiger Liebe und Gehorsam, in denen sich die Liebe widerspiegelt, in der der dreieinige Gott selbst in seinem Wesen verbunden ist. Weder Freiheit noch Gleichheit sind Begriffe, die uns zum Kern der Sache führen. Der Abbruch von Beziehungen wird Freiheit ebenso zerstören wie Gleichheit. Aber man wird weder das eine noch das andere erreichen, wenn man sie jedes für sich sucht. Wahre Freiheit findet man nicht, wo man die eigenen Möglichkeiten schrankenlos auszunutzen sucht, denn der Mensch ist nicht zur Autonomie geschaffen, sondern zu wahrer Verbundenheit in Liebe und Gehorsam; und das bedingt auch die Einhaltung von Grenzen als notwendigem Teil des Menschseins. Aber auch das Trachten nach Gleichheit wird nicht zu wirklicher Gerechtigkeit führen, denn Gerechtigkeit, die jedem das Seine gibt, kann nur in gegenseitiger Verbundenheit verwirklicht werden, in der jeder dem anderen die Liebe und den Gehorsam schenkt, die alle zu wahren Menschen machen können. Ohne diese Verbundenheit kann das Trachten nach Gerechtigkeit selbstzerstörerisch werden, denn es gehört zum ureigenen Wesen des gefallenen Menschen, daß jeder von uns überschätzt, was ihm selbst zusteht, und unterschätzt, was dem anderen zusteht.

Die Tatsache, daß der Streit zwischen der politischen Rechten und Linken — der Streit zwischen Freiheit und Gleichheit — ebenso intellektuell sinnlos wie praktisch tödlich wird, wird in kleinem Umfang an der Debatte über die Lebensfähigkeit eines Wohlfahrtsstaates illustriert, wie sie zur Zeit in Großbritannien und anderswo geführt wird. Der Wohfahrtsstaat ist der Versuch, eine Synthese oder wenigstens eine Balance zwischen Freiheit und Gleichheit zu erreichen. Er bejaht die freie Marktwirtschaft, aber er versucht, die daraus entstehenden Ungleichheiten durch das Handeln der Regierung zu lindern. Von rechts wird er angegriffen, weil die Kosten der sozialen Aufwendungen für die Benachteiligten die wirtschaftliche Infrastruktur gefährden. Von links wird er angegriffen, weil die durch die freie Marktwirtschaft entstehenden Ungleichheiten durch die laufende Sozialpolitik nicht mehr aufgefangen werden. Beide Seiten berufen sich dabei auf Rechte — auf der einen Seite das Recht der Freiheit, auf der anderen Seite das Recht auf einen zumutbaren gleichen Anteil an den vorhandenen Ressourcen.

Das Argument der Linken geht davon aus, daß ein auf dem Bedarf basierendes Recht Priorität hat vor den Wünschen derer, die persönliches Glück nach eigenem Gutdünken erreichen wollen. Das führt sofort zu zwei Schwierigkeiten: 1. Bedarf kann Priorität vor Wünschen nur dann zugestanden werden, wenn es eine gemeinsame Übereinstimmung über das Ziel menschlichen Lebens in der Gesellschaft gibt.

Wünsche können irrational sein (und sind es oft); ich kann Dinge wünschen, die mir schließlich kein dauerndes Glück bringen (und tue das oft). Meine wirklichen Bedürfnisse, was ich zum Erreichen meines wirklichen Zieles brauche, kann sich von den Wünschen, die ich habe, unterscheiden. Aber es kann keine allgemeine Zustimmung zu einer Priorität der Bedürfnisse über die Wünsche geben, wenn es nicht ein gemeinsames Verständnis darüber gibt, was denn wirklich die Bedürfnisse des Menschen sind, anders gesagt, eine allgemein akzeptierte Lehre vom Wesen und der Bestimmung des Menschen. Solch eine allgemein anerkannte Lehre kann es aber vom Dogma des Pluralismus her, wie es nach der Aufklärung gilt, nicht geben.

2. Gibt es aber keine allgemeine Lehre von der Bestimmung des Menschen, wie kann man dann die Bedürfnisse feststellen? Alle, die sich mit dem Problem der Armut in Überflußgesellschaften beschäftigen, stimmen darin überein, daß Armut in Relation zum Lebensstandard der gesamten Gesellschaft zu sehen ist. Eine Familie im Armutsviertel einer englischen Stadt kann im Vergleich zu einer Familie in einem Dorf in Bangladesh noch wohlhabend sein, aber sie muß auf Dinge verzichten, die für die meisten Briten selbstverständlich sind, sie ist arm. Die »Armutsgrenze« in einer Überflußgesellschaft steigt also in dem Maße, wie die Reichen immer neue Wege finden, ihre Wünsche zu befriedigen. Damit bleibt unser eigentliches Problem ungelöst. Wenn die Bedürfnisse der Armen gemessen werden an den Wünschen der Reichen, haben wir keine Grundlage mehr, auf der man festlegen kann, welche Bedürfnisse Priorität vor welchen Wünschen haben.

Befürworter des Wohlfahrtsstaates wollen diese Schwierigkeiten überwinden, indem sie auf Grundbedürfnisse verweisen, die unabhängig von jeder Ansicht über Wesen und Bestimmung des Menschen erfüllt werden müssen, Bedürfnisse also, denen unter allen Umständen Priorität vor Wünschen einzuräumen ist. Professor Raymond Plant und seine Kollegen definieren diese Grundbedürfnisse als »Überleben und Autonomie«[15] Das ist eindeutig eine Neuformulierung des klassischen »Leben und Freiheit«. Es stimmt natürlich, daß diese Bedürfnisse grundlegend sind und vor dem Nachdenken über andere Bedürfnisse und Wünsche erfüllt sein müssen, aber diese Definition beschränkt menschliche Bedürfnisse auf eine rein biologische Ebene. Und dahin muß es kommen, wenn man Gleichheit zum Leitprinzip für gesellschaftliches Leben macht. Wir sind alle gleich in unserem Grundbedürfnis nach Überleben; das haben wir mit den Tieren gemeinsam. Aber als Menschen brauchen wir doch noch mehr — Achtung, Ansehen, Liebe. Diese Bedürf-

15. R. Plant, Lesser, and Taylor Gooby, Political Philosophy and Social Welfare, S. 38 ff.

nisse, eher soziale als rein biologische, erfordern eher Differenzierung als Gleichheit. Achtung, Ansehen, Liebe — diese Begriffe haben einen Sinn nur in den Zusammenhängen, in denen sie spezielle Erweisungen von Achtung, Ansehen und Liebe bedeuten, etwa für Lehrer, Kollegen, Eltern, Freunde, Ehefrau, Ehemann, Kinder. Diese jeweils unterscheidende Achtung, das Ansehen und die Liebe machen das Leben menschlich. Eine undifferenzierte Feststellung von biologischen Grundbedürfnissen des Menschen tut das nicht. Man kann Achtung, Ansehen und Liebe nicht als Rechte einfordern. Der Abstieg König Lears vom König und Vater zum »armen Tier« in der einsamen Heide begann, als er die Liebe seiner Töchter als Recht einklagen wollte.[16] Nur in einer Gemeinschaft, in der man sich gegenseitig und freiwillig Achtung, Ansehen und Liebe schenkt, kann man Bedürfnisse als Grundlage für Rechtsansprüche anerkennen. Nur die Behauptung eines abstrakten und undifferenzierten Rechtes jedes autonomen einzelnen Menschen auf Leben, Freiheit und das Streben nach Glück führt nicht zu einer menschlichen Gesellschaft.

Aber die Gegenargumente der Rechten sind ebensowenig stichhaltig. Der Mythos des »unsichtbaren Zusammenhangs«, nach dem ungehindert ausgelebtes Begehren des einzelnen zum Glück aller führen wird, ist sicher eine der verhängnisvollsten Lügen, auf die die Menschen je hereingefallen sind. Es ist eine geschichtliche Tatsache, daß seit dem Entstehen des Kapitalismus keine frei gewählte Regierung nur zusehen und die Kräfte der freien Marktwirtschaft sich in der Gesellschaft auswirken lassen konnte. Die unvorstellbar grausamen Folgen in den frühen Phasen der industriellen Revolution in Großbritannien unter der Ideologie des Kapitalismus zwang die Regierungen schon bald zum Eingreifen zugunsten der Opfer. Denn keine Gesellschaft kann zusammenhalten und keine Regierung kann unbegrenzt weiterregieren, wenn die Ausbeutung der Schwachen durch die Starken über einen bestimmten Punkt hinausgeht und die politische Ordnung ihre moralische Glaubwürdigkeit verliert. Die derzeitigen Unternehmungen der Regierung von Premierministerin Thatcher in Großbritannien und die des seinerzeit noch amtierenden Präsidenten Reagan in den Vereinigten Staaten können unsere Gesellschaften nur zerstören.

Daran gehindert werden können sie allerdings nicht von Ideologien, die auf den gleichen mythologischen Grundüberzeugungen beruhen, vom gleichen Recht jedes autonomen Einzelnen auf Leben, Freiheit und Streben nach Glück. Lüge kann nur durch die Wahrheit überwunden werden, die Wahrheit ist ein für allemal in Jesus Christus erschienen. Es ist die Aufgabe der Kirche, diese Wahrheit in der Öffentlichkeit zu bezeugen.

Menschen finden ihre Erfüllung nicht in dem Versuch, sich selbst zu ver-

16. S. die gründliche Studie »The Needs of Strangers« (1984) von Michael Ignatieff, S. 27-53.

wirklichen, nicht im Bemühen um Verbesserung ihrer eigenen Lage, nicht im ungehinderten Ausleben grenzenlosen Begehrens, sondern in der Erfahrung gegenseitiger Verbundenheit und Verantwortung im Dienst eines gemeinsamen Zieles. Kürzliche Umfragen in Großbritannien haben ergeben, daß viele Menschen die Erfahrungen der Kriegsjahre als die besten Zeiten ihres Lebens angegeben haben. Die Bombardierung der Städte, die Zerstörung der Häuser, das Fehlen von Urlaub und Erholung, die Knappheit an Nahrung und Kleidung und die Allgegenwart des Todes sind Teil dieses Bildes; aber der entscheidende Grundton ist die Erinnerung an einen gemeinsamen Einsatz für das gleiche Ziel. Das weckt die besten Kräfte in den Menschen und die meisten von uns wissen das. Es ist ein Teil der schrecklichen Ironie des Krieges, daß es die besten Kräfte im Menschen weckt zum Zwecke gegenseitiger Zerstörung. Nimmt man aber dem öffentlichen Leben eines Volkes jede allgemein anerkannte Vision eines gemeinsamen Zieles, läßt man jeden einzelnen nach eigenem Gutdünken Ziele anstreben und macht man Begehren zur Triebkraft menschlichen Handelns, dann ist das eine Einladung zu einer anderen Zerstörung, der Zerstörung von innen. Wer wollte bestreiten, daß wir diese Zerstörung in den heutigen Wohlstandsgesellschaften erleben? Ein Krieg kann eine Zeitlang gemeinsames Verantwortungsbewußtsein und Engagement wecken, aber damit wird die menschliche Familie als Ganze verstümmelt. Welche gemeinsam anerkannte Vision kann es geben, die die widerstreitenden Ziele von Völkern, Klassen und Rassen transzendiert und alle Menschen zu gegenseitiger Verantwortung führt? Ansprüche hat es hier immer wieder gegeben. Die Weltgeschichte ist voll der Träume von einer eigenen neuen Weltordnung, in der alle Menschen zusammengehören. Sind das unsere eigenen Träume, nennen wir sie Träume von der Brüderlichkeit; wollen andere ihre Träume in die Tat umsetzen, nennen wir sie Imperialismus. Imperialismus nennen wir die Vorschläge anderer Menschen für die Einheit der Menschheit. Und wir haben natürlich recht: jeder Vorschlag für die Einheit der Menschen, die die Mitte nicht genau benennt, um die diese Einheit zu schaffen ist, muß zwangsläufig den Willen, die Vision, die Überzeugung des Vorschlagenden als unausgesprochene Mitte haben. Aber für die Einheit des Menschengeschlechtes kann es keine andere Mitte geben als bei ihm, der sagte: »Wenn ich erhöht werde von der Erde, will ich alle Menschen zu mir ziehen.« (Johannes 12,32). Denn das Kreuz Christi ist der Ort der Sühne, wo Sünde vergeben wird; und der Anspruch des sündigen Ich, sich selbst und seinen Traum zur Mitte der Welt zu machen, wird aufgegeben für den Einen, dessen Anspruch allein Gültigkeit hat.

Hier ist die einzige Mitte, die es für die Einheit der Menschheit gibt, und daher das einzige Ziel, das Völker zur Einheit zusammenbinden kann, ohne sie der gegenseitigen Feindschaft auszusetzen. Die Kirche als eine wirklich universale supranationale Gemeinschaft ist Trägerin der Vision, die allein allen Völkern eine wahrhaft gemeinsame Bestimmung geben kann. Will sie das tun, muß sie sich in jedem Volk verantwortlich wissen, das ganze öffentliche Leben — Politik, Wirtschaft und Kultur — unter das Licht des Evangeliums zu stellen. Sie muß klar machen, daß das zentrale Heiligtum im Leben eines Volkes nicht leer bleiben kann, daß ein Götze dort Platz nehmen wird, wenn Christus nicht darinnen ist. Wie die Kirche diese Verantwortung wahrnehmen kann, das will ich in meinem letzten Kapitel behandeln. Daß sie sie wahrnehmen muß, ist nach meiner Überzeugung ein Erfordernis, das sich aus dem Innersten des Evangeliums ergibt.

6.
Was müssen wir sein? Der Ruf an die Kirche

Die Gute Nachricht, mit der das Reich, die Herrschaft und die Souveränität Gottes angekündigt wird, ist der Kirche anvertraut. Sie ruft Männer und Frauen aus irreführenden Loyalitäten zu andern Mächten heraus und hinein in den Glauben an die eine wahre Macht, damit sie Zeichen, Instrument und Vorgeschmack jener Souveränität des einen wahren und lebendigen Gottes über alle Natur, alle Völker und alle Menschen werden. Damit sollen sie nicht aus der Welt hinaus in eine sichere religiöse Enklave gerufen werden. Vielmehr werden sie herausgerufen, um wieder zurückgesandt zu werden im Auftrag der Herrschaft Gottes. Was gehört nun zu diesem Ruf, wenn das Gegenüber der Kirche die starke, gewaltige und alles durchdringende Kultur ist, über die wir in diesem Kapitel nachdenken? Es darf nicht die Wiederholung des Versuches dazu gehören, eine Synthese von Kirche und Staat zu schaffen, wie sie das Leben des westlichen Europa über tausend Jahre bestimmt hat. Wir können und müssen zwar zugeben, daß wir der Kirche des Mittelalters unschätzbaren Dank schulden, weil sie aus dem Chaos nordeuropäischer Barbarei eine einigermaßen gerechte und stabile Ordnung geschaffen hat und so den Grundstein legte für die Welt, deren Erben wir sind — mit ihrer Wissenschaft, ihrer politischen Demokratie und ihrer Überlieferung ethischer Normen. Aber das mittelalterliche Corpus Christianum können und sollten wir nicht mehr wiederherzustellen suchen.

Andererseits können wir auch nicht mehr die Anschauung übernehmen, es sei die einzige Aufgabe der Kirche, sich nur um die einzelnen Menschen zu kümmern, ihnen zur Pflege ihrer inneren religiösen Sicherheit einen Raum im privaten Bereich anzubieten, ohne daß sie sich auseinandersetzen müßten mit der Ideologie, die das öffentliche Leben von Völkern beherrscht. Das Privileg eines christlichen Lebens ist nicht zu haben ohne die Wahrnehmung seiner Verantwortlichkeit. Der Christus, der sagte: »Kommet her zu mir und ich will euch Ruhe geben« (Matthäus 11, 28-29), hat zu den gleichen Jüngern auch gesagt: »Wie mich der Vater gesandt hat, so sende ich euch« und zeigte ihnen die Narben seines Kampfes mit den Herren der Welt (Johannes 20, 20-21).

Lehnen wir aber die beiden Irrwege ab, dann gibt es immer noch ein weites Feld, in dem wir nur schwer unseren Weg finden können. Wie kann man die christliche Verantwortung, Gottes Herrschaft über das Leben zu verkünden und zu verkörpern, praktisch leben? Wenn ich das richtig sehe, ist das wesentliche Kennzeichen heutiger Antworten auf diese Frage der Protest. Die politische Struktur mit ihren tief verwurzelten Interessen und mit Anwendung von Gewalt zu deren Sicherung, wird als der eigentliche Feind, als der hauptsächliche Sitz des Bösen ausgemacht. Der Platz der Kirche sei daher nicht beim Establishment, sondern in den Lagern und Marschkolonnen der Demonstranten. Der Protest kann pazifistisch sein und im Namen Christi aller Gewalt absagen; er kann auch politisch und revolutionär sein und will zu einer alternativen Regierungsform finden. In beiden Fällen behaupten die Protestierer, so wie Jesus außerhalb der Stadtmauer gekreuzigt wurde, so müsse der Platz der Christen immer außerhalb der Festung des Establishments an der Seite seiner Opfer sein. Nur von daher, so sagen sie, können die Dinge realistisch gesehen werden. Versuche, wie sie in unserem Jahrhundert schon oft unternommen wurden — Christen in verantwortlichen Positionen in Regierung, Industrie und Wirtschaft zusmmenzubringen, um die Folgen ihres Glaubens für das tägliche Leben zu diskutieren — verwerfen sie als elitär und ungeeignet zur Vermittlung wahrer Einsichten. Wer an der Macht sitzt, könne die Wahrheit nicht sehen; das sei das Privileg der Machtlosen.

Nun kann man leicht darauf hinweisen, daß die Popularität solcher Anschauungen auch vor dem Hintergrund der marxistischen Vorstellung vom Proletariat als dem messianischen Volk, in der Geschichte Träger der Verheißung von Wahrheit und Leben, zu sehen ist. Aber mit diesem Hinweis ist das Argument nicht widerlegt. Jesus wurde ja wirklich von den etablierten Mächten gekreuzigt. Muß nicht folgerichtig Nachfolge Jesu auf dem Weg des Kreuzes dann auf die Seite derer führen, die unter den Mächten der etablierten Ordnung leiden, und nicht auf der Seite derer, die diese Macht ausüben? Kann man auf dem Weg des Kreuzes auch den Stuhl des Pilatus einnehmen, wenn er frei wird? Die Antwort auf diese Frage fällt mir nicht leicht, aber man muß sich ihr stellen. Sicher kann eine Kirche, die das Kreuz Jesu als zentrales Geschehen der Geschichte sieht, niemals eine politische Ordnung mit der Herrschaft Gottes identifizieren. Hier kann es nicht geben, was der Islam zu errichten sich anschickt: eine Sharia als einzige Lebensordnung, nach der sich eine gesamte Gesellschaft politisch und religiös ausschließlich zu richten hat. Mit einem solchen Gedanken kann sich nur tragen, wer die biblische Feststellung von der radikalen Sünde im menschlichen Leben bestreitet, einer Sünde, die auch durch die beste Gesellschaftsordnung nicht zu beseitigen ist. Wenn das Kreuz der Ort ist, wo die Wirklichkeit des menschlichen Lebens aufgedeckt wird, dann ist die Vorstellung von einer vollkommenen Gesellschaft auf Erden eine Illusion. Es kann sie nicht geben. Aber ebenso gewiß muß das Kreuz in seinem eigentlichen Kontext interpretiert werden, in der biblischen Erzählung als Ganzer und im Kontext der vollen trinitarischen Lehre von Gott.

Wir würden Jesus und seinen Tod mißverstehen, sähen wir ihn nur als den Größten derer, die in Auflehnung gegen eine etablierte Macht gestorben sind.

Jesus starb als der geliebte Sohn des Vaters, der den Mächten, die ihn umbrachten, ihre Vollmacht gab. Es war der allmächtige Vater, der seinen Sohn um unseretwillen in den Tod gab. Während seines Prozesses hat Jesus bestätigt, daß Pilatus seine Vollmacht, ihn dem Tod zu überliefern, von Gott hatte (Johannes 19,11). Nur verurteilte er den Mißbrauch dieser Vollmacht. Herrschaft im menschlichen Sinn — die Vollmacht über ein Volk zu herrschen — ist nach der Heiligen Schrift eine Vollmacht von Gott und doch auch ständig korrumpiert durch menschliche Sünde. Das ist mit beispielhafter Deutlichkeit in den Berichten über die Einsetzung des Königtums in 1. Samuel 8 und 9 beschrieben. Jesus wollte die von der römischen und jüdischen Führungsschicht ausgeübte Herrschaft nicht untergraben. In der Darstellung und Ausübung der wahren Herrschaft Gottes deckte er nur auf, wie korrumpiert sie war und hat sie dadurch, so Paulus, entwaffnet und sie ihrer angeblich absoluten Autorität beraubt. Er übte seine Herrschaft aus, indem er für die Wahrheit zeugte — für die eine große Wirklichkeit, an der sich alle anderen Ansprüche auf Wirklichkeit messen lassen müssen (Johannes 18,37). Alle Herrschaft nach Golgatha muß sich messen und richten lassen nach dem Maß der dort eingesetzten wahren Herrschaft; messen und richten, nicht beseitigen lassen. Die Mächte wurden entwaffnet, aber sie wurden nicht zerstört. Nach Paulus sind die Mächte und Gewalten, die zu Werkzeugen des Bösen werden können und die entlarvt und ihrer angeblich absoluten Autorität beraubt wurden, als sie Jesus ans Kreuz schlugen, nichtsdestoweniger in Christus und für Christus erschaffen und wirken auch nach Christi entscheidendem Sieg noch weiter, doch nur unter seiner Macht (Kolosser 2,15; 1, 15-16; 1. Korinther 2, 6-8).

Um diese paulinischen Vorstellungen besser zu verstehen, kehren wir noch einmal zurück zu den Erzählungen der Evangelien. Die erste Reaktion auf den Tod Jesu war die Selbsttötung des Judas. Wäre das Kreuz in Gottes Selbstoffenbarung das letzte Wort, dann wäre diese erste Reaktion die einzig mögliche. Wenn die ganze Menschheit — selbst in ihren besten Vertretern — hier in ihrem mörderischen Aufruhr gegen ihren Schöpfer entlarvt wird, welche andere Zukunft gäbe es als den Tod? Wozu sollte man diese sinnlose Sündengeschichte fortsetzen, mag die Zivilisation sie auch noch so sehr beschönigen? Wenn das Kreuz das Ende ist, dann gibt es keine Zukunft.

Aber das Kreuz ist nicht das Ende. Die Auferstehung ist für erwählte Zeugen die Offenbarung, daß Jesus, am Kreuz gestorben, wirklich der Herr ist — Sieger über Tod und Sünde, Herr und Heiland der Welt. Die Auferstehung ist nicht die Aufhebung einer Niederlage, sondern die Ausrufung eines Sieges. Der König regiert vom Schandholz. Das Reich Gottes ist wirklich zu uns gekommen, und sein Kennzeichen ist nicht ein goldener Thron, sondern ein hölzernes Kreuz.

Aber was heißt das praktisch? Welche praktischen Konsequenzen hat es, wenn wir so reden? Kann Ohnmacht Macht ausüben? Muß nicht die Kreuzigung des Königs das Ende jeder Art von Herrschaft bedeuten, das an seiner Kreuzigung mitwirkte? Sicher stehen nun alle bisherigen Formen von Herrschaft, von politischer Macht, aufgedeckt und verurteilt vor der Herrschaft, die am Kreuz ausgeübt wird. Sicher ist jetzt der Zeitpunkt für das Erscheinen von Gottes Herrschaft gekommen, die alle anderen Formen von Machtausübung ersetzt. Das ist die natürliche und deutliche Schlußfolgerung, die man anscheinend zu ziehen hat und die die Jünger auch ziehen, nachdem sie einmal begriffen hatten, daß der Tod Jesu nicht das Ende seines Anspruchs auf die Herrschaft ist: »Herr, wirst du nun das Reich für Israel errichten?« (Apostelgeschichte 1,6). Die Frage mußte kommen. Jesu Antwort ist eine Warnung und eine Zusage zugleich. Diese Antwort beschreibt die Rolle der Kirche im Hinblick auf das Reich post Christum. Da ist zuerst die Warnung: Gott allein ist König, und er behält sich vor, wann und wie er seine Herrschaft errichten wird. »Es gebührt euch nicht zu wissen Zeit oder Stunde, welche der Vater in seiner Macht bestimmt hat« (Apostelgeschichte 1,7). Wir sollen des Vaters Zeit erwarten. Nicht wir errichten sein Reich; es ist ganz einfach seine Herrschaft.

Aber da ist auch eine Zusage: es wird der Geist versprochen, dessen Gegenwart Unterpfand und Vorgeschmack des Reiches ist und für die Kirche ein Zeuge für diese Herrschaft angesichts der weiterbestehenden Mächte dieses Äons wird (Apostelgeschichte 1,8). Daß diese Mächte weiter bestehen und eine Ordnung aufrechterhalten — wenngleich vielfach entstellt und verdorben — in der ein gewisses Maß von Gerechtigkeit und Freiheit sichergestellt sind, ist Gottes Werk, der in seiner Barmherzigkeit den Menschen Zeit und Raum gibt, um die wahre Herrschaft zu erkennen, um Buße zu tun und zu glauben. Diese Mächte sind von Gott eingesetzt und deshalb zu achten. Sie haben nach Paulus die Aufgabe, die Übeltäter zu strafen und die zu belohnen, die Gutes tun. So soll der Christ nach Gerechtigkeit für sich selbst nicht dadurch trachten, daß er das Gesetz in die eigenen Hände nimmt. »Denn Gott hat schon jemand dazu bestellt, Gerechtigkeit zu schaffen, ein Diener Gottes zu eurem Wohl«, wie Paulus sagt (Römer 12,17 - 13,4). Folgerichtig zögert Paulus selbst nicht, die vorhandenen Autoritäten um Gerechtigkeit in seinem eigenen Falle anzurufen (z.B. Apostelgeschichte 15, 10 - 11).

Deswegen darf es dem Christen nicht gleichgültig sein, ob diese Autoritäten die ihnen anvertraute Macht ordentlich ausüben. Denn Gott hat sie eingesetzt für einen guten Zweck, auch wenn sie sehr leicht zu Werkzeugen des Bösen werden können. Wir wissen, daß allein Gottes Herrschaft das letzte Wort haben wird, und wir sind Zeugen dieser Herrschaft durch die Gegenwart und die Kraft des Heiligen Geistes, der Gottes königliche Kraft zur Befreiung und zur Heiligung ist. Diese königliche Kraft ist wirksam im Zeugnis der Kirche, wenn sie predigt, heilt und dient, um Menschen zu wahrer Treue und Gehorsam zu rufen. Aber wahre Treue und Gehorsam können nur in Freiheit gegeben werden. Und es ist der gnädige Wille des Vaters, dessen Geduld unser Verstehen übersteigt, in unserer heutigen Welt Raum und Zeit zu schaffen, in der diese Treue in Freiheit gewährt oder verweigert werden kann. Wir haben kein Recht zu dem Versuch, Gottes Geduld zu mißachten und irdischen Regierungsformen — mögen sie auch sündig sein — unter Berufung auf Gottes Herrschaft die Verantwortung abzusprechen, die Gott ihnen für die Aufrechterhaltung von soviel Ordnung und Freiheit, wie sie für sündige Menschen möglich sind, gegeben hat. Als die Weltanschauung der klassischen Antike und die kaiserliche Macht Roms, die im ersten Jahrhundert unserer Zeitrechnung unbesiegbar und ewig schien, sich auflösten und die Kraft zum Herrschen verloren, hätten die Christen falsch gehandelt, wenn sie die Verantwortung zur Übernahme politischer Macht ausgeschlagen hätten. Wie alle Menschen, so können auch Herrscher nur dann mit Energie und Geduld handeln, wenn sie ihre Kraft aus einer ganz bestimmten Sicht von der Wirklichkeit der Dinge schöpfen — der Ordnung, dem dharma, dem Tao, das alle Dinge lenkt. Als die Vision der Klassik sich auflöste und das heidnische Reich zerfiel, war es richtig, daß jetzt die Menschen mit der neuen Vision, der Vision von der ewigen Ordnung durch die Fleischwerdung des Sohnes Gottes, die Verantwortung übernehmen mußten, um das öffentliche Leben aus der Kraft dieser Vision zu gestalten. Der Versuch, eine christliche Zivilisation zu schaffen, Gesetze in ihrer Übereinstimmung mit der Lehre der Bibel zu formulieren, Könige und Kaiser unter die ausschließliche Verpflichtung christlicher Nachfolge zu stellen — nichts von dem war falsch. Im Gegenteil, es wäre ein Akt des Glaubensabfalls gewesen, hätte man diese ungeheure Verantwortung ausgeschlagen. Es hätte den Verzicht auf den Glauben an das Evangelium bedeutet.

Aus dem gleichen Grund kann sich auch die Kirche heute nicht ohne Schuld vor der Verantwortung drücken, wo sie die Möglichkeit sieht, das öffentliche Leben von Völkern und die globale Ordnung von Industrie und Handel im Licht des christlichen Glaubens mitzugestalten. Selbst dort, wo die Kirche eine kleine Minderheit ohne politische Macht ist, hat sie doch alle Autoritäten der bürgerlichen Gesellschaft unter das Wort Gottes zu stellen. Das tun zum Beispiel heute die tapferen Kirchen in Taiwan und Korea; dort mahnt die Kirche die Machthaber daran, daß Christus — ob sie ihn kennen oder nicht — der Richter ist, vor dem sie sich am Ende für den Gebrauch der Macht verantworten müssen, die er ihnen gegeben hat. Zu dieser Verantwortlichkeit gehört zwangsläufig auch die Pflicht zum regelmäßigen öffentlichen Gebet für alle, die öffentliche Ämter bekleiden. Gerade wenn die Kirche unter einer brutalen Tyrannei leben muß, hat sie dazu eine doppelte Pflicht, die sie furchtlos ausüben muß, wie es Bischof Luwum von Uganda tat, als er den Diktator Amin mit dem Wort Gottes konfrontierte und dafür mit seinem Leben bezahlte. Und gewiß kann die Kirche sich dort nicht von dieser Verantwortung entbinden lassen, wo sie Freiheit und Einfluß genießt und wo ein großer Teil der Bevölkerung einer demokratisch geordneten Gesellschaft zu ihr gehört. Wie diese Verantwortung wahrgenommen wird, hat uns noch zu beschäftigen; aber daß sie wahrgenommen werden muß, ist gewiß. Natürlich ist dabei die Unterscheidung von Kirche und Staat zu beachten. Sie wäre selbst dann zu beachten, wenn jeder Bürger des Staates auch ein Mitglied der Kirche wäre. Kirche und Staat haben unterschiedliche Aufgaben, aber beide erhalten ihr Mandat von Gott, der sich in Christus offenbart hat, und beide sind ihm verantwortlich, ob Regierungen ihn anerkennen oder nicht. Daß man im Hinblick auf ihre Macht und Verantwortung unterscheiden muß, ändert nichts an der Tatsache, daß diejenigen, die politische Macht ausüben, vor Gott — dem alleinigen Gott, Vater, Sohn und Heiligem Geist — verantwortlich sind. Es ist die Aufgabe der Kirche, sie zur Zeit und zur Unzeit an diese Tatsache zu erinnern. Die Regierungsform mag unterschiedlich sein — Monarchie, Oligarchie, Demokratie, Einparteienstaat, oder Kombinationen dieser Formen — es sind doch Menschen, die über ihre Mitmenschen Macht ausüben. Ihre Autorität dazu beruht auf Gottes gnädiger Ordnung für seine Welt. Sie sind sündige Menschen, die die ihnen anvertraute Macht mißbrauchen können und das oft genug tun. Aber sie sind nichtsdestoweniger verantwortlich sowohl dafür, daß sie recht handeln, als auch dafür, daß sie die Wahrheit anerkennen; und die Kirche hat immer die ihr von Gott gegebene Verantwortung, der sie sich nicht entziehen kann, die Regierungen daran zu erinnern.

Ich weiß wohl, daß diese Lehre in einer Gesellschaft und ihrer von einem säkularen Staatsverständnis geprägten Zeit unannehmbar ist. Säkular ist fast schon ein Axiom geworden im Sinne moralischer und religiöser Neutralität. Zwar glaube ich, daß der Gedanke des säkularen Staates neu zu überprüfen ist, doch kann ich seine Überzeugungskraft nicht leugnen. Wenn wir einerseits nicht alles leugnen können, was wir aus der tausendjährigen Erfahrung mit dem mittelalterlichen Corpus Christianum gelernt haben, dann können wir auch nicht leugnen, wie vieles und bleibendes wir denen verdanken, die in der Aufklärung die mittelalterliche Weltanschauung mit dem Motto »Wage zu wissen« in Frage stellten. In Teilen der islamischen Welt können wir heute eine starke Bewegung beobachten, die sich der Moderne verschließt und die Herrschaft der Sharia über das ganze öffentliche und private Leben wiederherstellen will. Wir können eine ähnliche Bewegung unter Christen nicht wünschen. Auch moderne Versuche, einen christlichen Staat zu schaffen, wie in Francos Spanien oder Salazars Portugal reizen nicht zur Nachahmung. Kann es denn so etwas wie einen christlichen Staat oder eine christliche Gesellschaft geben, und sollten wir danach trachten?

Es gab eine Zeit, als Denker wie Jacques Maritain in Frankreich, Hermann Dooyeweerd in den Niederlanden, T.S. Eliot in England und John Baillie in Schottland ihre Visionen von einer christlichen Gesellschaft gezeichnet haben. Ihre Vorbilder waren die Bewegungen in Rußland, Italien und Deutschland, die aus der Kraft einer Ideologie, an die eine starke Minderheit leidenschaftlich glaubte, mit Erfolg alle Lebensordnungen in ihren Völkern übernommen haben. Diese Denker hatten beobachtet, wie die korrupten und hoffnungslos lahmen Demokratien Italiens und Deutschlands mit Hilfe dieser Ideologien in dynamische Gesellschaften verwandelt wurden. Sie fragten sich, ob es nicht auch für Christen als einer entschlossenen, wenngleich kleinen Gruppe möglich wäre, etwas Vergleichbares zu tun: den steuerlosen Demokratien einen Sinn für Richtung und Ziel zu geben, doch ohne die Unterdrückung und Intoleranz, die totalitäre Bewegungen kennzeichnete. Das war eine edle Vision, sie war auch nicht ohne Wirkung. In Großbritannien kann man sicher auf einige bedeutende Änderungen verweisen, die in beachtlichem Ausmaß als Umsetzung ausdrücklich christlicher Überzeugung auf dem Gebiet der Politik möglich wurden. Aber in den sechziger Jahren unseres Jahrhunderts erlebten wir dann eine deutliche Wendung in die entgegengesetzte Richtung. Munbys Buch »The Idea of a Secular Society« (Die Idee einer säkularen Gesellschaft) von 1963 war eine direkte Erwiderung auf Eliots »Idea of a Christian Society« (Idee einer christlichen Gesellschaft). »Säkularität« wurde zum Zauberwort für Theologen der 60er Jahre. Die Vision von einer von der Bevormundung durch die Kirche völlig befreiten Öffentlichkeit und von einem Staat ohne jede religiöse oder ideologische Bindung mit gleichen Möglichkeiten für alle setzte sich durch. Aus dieser Sicht ist auch Gladstones Einstellung (siehe Kapitel 1), daß der Staat eine moralische Größe ist und deswegen verantwortlich dafür, das Rechte zu tun und die Wahrheit anzuerkennen — nur ein Überbleibsel mittelalterlichen Denkens.

Aber Gladstone hatte sicher recht, als er darauf hinwies, daß das Römische Reich alle Religionen gleichermaßen tolerieren konnte, daß es aber gleichzeitig ganz unerbittlich sein konnte bei der Verehrung des Kaisers, die wichtiger war als Religion, weil sie die Gesellschaft vor der Auflösung bewahrte. Da konnte es keinen Kompromiß geben, und ich denke, wir müssen zugeben, daß in Gladstones Gedankenführung einiges an Wahrheit steckt. Kein Staat kann völlig säkular sein. Denn wo auch immer Menschen Macht ausüben, haben sie ihre eigenen Vorstellungen von dem, was wahr ist und setzen sich für das ein, was nach ihrer Auffassung richtig ist. Es ist die Aufgabe der Kirche, nach diesen Überzeugungen und nach diesem Engagement zu fragen und sie unter das Licht des Evangeliums zu stellen. Es gibt keine wirkliche missionarische Begegnung des Evangeliums mit unserer Kultur, wenn das nicht geschieht. Hier müssen wir offen eingestehen, daß vieles von dem, was sich als missionarische Begegnung ausgibt, nur ein entstelltes Evangelium anzubieten hat. Wo die Verkündigung des Evangeliums Menschen auffordert, Jesus als ihren Heiland anzunehmen, muß sie als falsch verurteilt werden, wenn sie nicht deutlich macht, daß zur Nachfolge auch das Engagement für eine Vision der menschlichen Gesellschaft gehört, die sich radikal unterscheidet von der Vision, die unser heutiges öffentliches Leben bestimmt.

Der südafrikanische Missionstheologe David Bosch hat darauf hingewiesen, wieviel Schaden durch die Übersetzung des griechischen Begriffes »dikaiosyne« als »Rechtfertigung« angerichtet wurde, weil damit die Vorstellung einer inneren und geistlichen Rechtfertigung abgetrennt wurde von der äußeren und sichtbaren Gerechtigkeit in sozialen Beziehungen. Spanisch sprechende Christen werden nicht so leicht in diese Falle tappen, weil bei ihnen das eine Wort »justiia« die weltweite Übersetzung von »dikaiosyne« ist. Man kann leicht erkennen, wie der Gebrauch der beiden Worte »gerechtfertigt« und »gerecht« für das eine biblische Wort »dikaios« und die entsprechende Übersetzung von »dikaiosyne« im Neuen Testament als »Rechtfertigung«, wo der entsprechende hebräische Begriff »zedeq« gleichzeitig Gerechtigkeit und Rechtfertigung meint, evangelikale Christen dazu verleitet hat, eine mentale Trennung vorzunehmen zwischen Rechtfertigung als einem inneren und geistlichen Zustand und Gerechtigkeit als einem äußeren und politischen Programm. Eine solche Trennung aber ist die Preisgabe des Evangeliums und die Kapitulation vor dem Druck unserer heidnischen Kultur. Wie wir in dieser Studie immer wieder betont haben, ist diese Trennung zwischen dem privaten und dem öffentlichen Bereich der zentrale Schlüssel zur Ideologie, die unsere Kultur beherrscht. Wer sich darauf einläßt, vollzieht die Kapitulation, auf die die frühe Kirche sich nicht einlassen wollte, was sie das Blut zahloser Märtyrer kostete. Eine private Religion des persönlichen Heils, das die öffentliche Ideologie nicht in Frage stellte, war unter römischem Gesetz vollkommen sicher, so sicher wie unter unseren Gesetzen. Unter diesen Bedingungen hätte die Kirche der ersten drei Jahrhunderte unter der Herrschaft des römischen Kaisers genau die gleiche Blüte erlebt wie diese Art Evangelikalismus heute unter dem Schutz unserer Gesellschaft. Aber das wirkliche Evangelium kann diese Art Verbannung nicht hinnehmen. Die souveräne Herrschaft Gottes verlangt es, daß der Staat sich dafür verantwortlich weiß, daß er die Gerechtigkeit Gottes für seine Gesellschaftsordnung beachtet — eine Gerechtigkeit, die sich vor allem in verpflichtenden Beziehungen gegenseitiger Verantwortlichkeit ausdrückt. Wer Menschen zu Jüngern macht, beruft sie und rüstet sie aus, Zeichen und Werkzeuge von Gottes Gerechtigkeit unter den Menschen zu sein. Eine Evangelisierung, die Menschen zwar einlädt, den Namen Christi anzunehmen, aber sie nicht gleichzeitig in diese wirkliche Begegnung ruft, muß als falsch verworfen werden.

Aber wie soll das geschehen? Wie soll die Kirche im Namen Christi unsere Kultur in ihren öffentlichen und privaten Aspekten in Frage stellen? Welche Art Kirchlichkeit wird uns das Evangelium so predigen lassen, daß Menschen sich zu Nachfolgern im vollsten Sinn des Wortes berufen fühlen — Männer, Frauen und Kinder, deren persönliches und gemeinsames Leben Zeichen, Instrument und Vorgeschmack von Gottes königlicher Herrschaft über die ganze Schöpfung und alle Völker ist? Wie sollen besonders wir das tun, die wir nicht zu irgendeiner der antiken Weltreligionen gesandt sind, sondern in eine Gesellschaft, die in ihren tiefsten Wurzeln aus einer christlichen Tradition lebt und doch in ihren erklärten Voraussetzungen von einer heidnischen Ideologie beherrscht wird? Wie können wir Missionare für diese moderne Welt sein, die wir selbst Teil dieser Welt sind? Es ist schon oft darauf hingewiesen worden, daß wir geschichtlich an einem Ort stehen, der mit dem Augustins vergleichbar ist. Er erlebte die Zeit, wo die Weltanschauung der Antike für die Menschen keine Bedeutung mehr hatte und die Gesellschaft sich auflöste. Er war derjenige, der für die westliche Hälfte der Christenheit eine Vision formulierte, die sich auf die beiden Zwillingsdogmen von der Trinität und der Inkarnation gründete, die dann das öffentliche Leben tausend Jahre lang bestimmte und eine Gemeinschaft schuf, in der man als Christ leben konnte. Alasdair MacIntyre, der uns zur Beleuchtung unserer Situation an jene Zeit erinnert, weist jedoch auf den großen Unterschied zwischen der Zeit Augustins und unserer hin: Damals warteten die Barbaren noch draußen vor den Toren, heute sitzen sie schon in den Zentren der Macht. Und, so fährt er fort, »daß wir uns dessen nicht bewußt sind, ist konstitutiv für unsere Situation«.[1] Wenn das wahr ist, und das ist es nach meiner Meinung, dann müssen wir nach den Bedingungen fragen, unter denen die Kirche ihre besondere Unterscheidung von und ihre besondere Verantwortung für diese säkulare Kultur wiedergewinnen kann, an der wir so gerne und so lang teilhatten zusammen mit denen, die MacIntyre als Barbaren bezeichnet.

Ich möchte schließen mit der Auflistung von sieben Punkten, die für die Beantwortung dieser Frage wesentlich sind.

1. Der erste Punkt muß die Wiedergewinnung und das Festhalten an einer Lehre von den letzten Dingen, einer Eschatologie sein. Das Evangelium ist die gute Nachricht vom Reich Gottes, und das Reich Gottes ist ein eschatologischer Begriff. Ein richtiges Verständnis von den letzten Dingen ist der erste wesentliche Punkt.

Uns ist wohl bekannt, wie man in der nachaufklärerischen Weltanschauung vom Reich Gottes gesprochen hat, um das Christentum gleichzuschalten. Die Denker der Aufklärung glaubten, die Befreiung des menschlichen Geistes und Bewußtseins von den Fesseln des Dogmas müsse zu einer allmählichen Beseitigung der Unwissenheit und des Bösen führen und somit auch zum Fortschreiten der Menschheit auf die himmlische Stadt zu — ein vollkommenes Gemeinwesen freier und glücklicher Menschen. Die hier zugrunde liegenden Vorstellungen sind nicht biblisch, sondern klassisch. Vorausgesetzt wird eine

1. A. MacIntyre, After Virtue, S. 245.

der Geschichte innnewohnende Kraft, die zur Vollendung führt. Die Gegenkraft ist nicht Sünde, nicht eine radikale Verderbnis im Zentrum menschlicher Vernunft und menschlichen Bewußtseins, sondern allenfalls die Trägheit der Natur. Wir wissen sehr gut, wie liberales protestantisches Christentum die biblische Redeweise vom Reich Gottes mißbrauchte, um der herrschenden Ideologie einen frommen Anstrich zu geben. Nach dem Reich Gottes zu trachten hieß, für sozialen Fortschritt zu arbeiten. Wir kennen auch sehr gut die apokalyptische Ausrichtung, die die Marxisten — hier biblischer als die liberalen Protestanten — dem Drehbuch der Aufklärung gaben. Sie proklamierten die klassenlose Gesellschaft erst für die Zeit nach dem letzten Harmagedon, wo das messianische Proletariat das Reich des Bösen vernichten wird. Bei diesen beiden Vorstellungen ist problematisch, daß sie den Menschen an den Rand drängen. Menschen, die heute für eine neue Gesellschaftsordnung dienen und kämpfen, werden diese nicht mehr selbst erleben. Im Hinblick auf das Endziel der Geschichte sind sie entbehrliche Werkzeuge, nicht die, um die es letztlich geht. Und so stellt sich unausweichlich mit der Lehre von Fortschritt auch die antike vorchristliche Vorstellung von der Unsterblichkeit der Seele wieder ein. Der einzelne Mensch findet das wahre Ziel seines Lebens und Strebens nicht in der vollkommenen Gesellschaft, die nur eine entfernte Nachkommenschaft erleben wird, sondern in einem späteren Leben in einer anderen Welt, die keine Beziehung mehr zu dieser hat. Meine persönliche Geschichte und die Geschichte der Welt gehen getrennte Wege zu unterschiedlichen Zielen. Meine persönliche Zukunft und die Zukunft der Welt haben keine wesentliche Beziehung mehr zueinander. Menschliches Leben ist keine Einheit mehr; es zerfällt in zwei Teile: einen privaten und einen öffentlichen, den geistlichen und den politischen. Damit sind wir wieder bei dem Riß, der uns bei der Betrachtung unserer Nachaufklärungskultur inzwischen vertraut geworden ist.

Doch der Mensch ist eine Einheit. Ich bin die gleiche Person in meinen privatesten Gebeten und meinen öffentlichsten Taten. Wie kommt es zu einer Aufspaltung dessen, was wir als Einheit erfahren? Es kommt natürlich daher, daß wir sterben müssen. An einem Punkt, der ebenso unbekannt wie gewiß ist, werde ich, der ich bete und arbeite, alle meine Arbeit hinter mir lassen und alle Bindungen, die mich von Geburt an in einem Bündel gegenseitiger Verantwortung mit Familie, Gesellschaft und Welt verbunden haben, abschneiden und ganz allein vor dem letzten Horizont stehen. Das verursacht diese Aufspaltung und verleitet mich, der äußeren Welt mit ihren gegenseitigen Verantwortlichkeiten den Rücken zu kehren und einen Sinn nur in der Pilgerfahrt meiner eigenen Seele zu sehen. Doch als Mensch, der noch lebt, lebe ich nicht als ein isoliertes Einzelwesen, sondern als jemand, der für sein tägliches Leben auf eine Menschenwelt mit gegenseitigen Verantwortlichkeiten angewiesen ist. Ich kann nur leben als Teil der Gesellschaft, und ich kann nur handeln, wenn ich eine gewisse Vorstellung von dem Ziel habe, auf das sich alle Menschen zu bewegen. Es ist der Tod, der die fatale Spaltung zwischen zwei Sinngebungen verursacht; die eine sieht einen letzten Sinn nur im Schicksal meiner unsterblichen Seele und macht aus der öffentlichen Geschichte der Welt ein sinnloses Geschehen — die andere kann einen Sinn nur sehen im Zugehen der Menschen auf eine gemeinsame Zukunft, sie macht den Menschen zur Nebensache und schließlich entbehrlich.

Es ist der Tod, der mit diesem Keil unsere Zukunftsvision in zwei Teile spaltet. Und der Tod ist für die Menschen nicht nur eine biologische Notwendigkeit; die Bibel lehrt uns, daß er der Sünde Sold ist — das äußere und sichtbare Zeichen eines inneren und geistlichen Sachverhalts, nämlich, daß nichts in meinem Leben für Gottes vollkommenes Reich taugt. Und weil das so ist, kann es keinen direkten Weg aus diesem Leben geben zu dem Ziel, das ihm allein Sinn gibt. Das Evangelium ist an diesem Punkt Gute Nachricht, weil Christus die Macht der Sünde und des Todes überwunden hat. Er hat sich ganz und gar in unsere sündenbeladene Menschheit hineinbegeben. Er ist für uns hinabgestiegen in die Finsternis des Todes und des Gerichtes, und in seiner Auferstehung hat er uns ein Zeichen und einen Vorgeschmack seines vollen Sieges gegeben. Weil wir mit ihm vereint sind, können wir ihm auf dem gleichen Wege folgen. Wir können die Zukunft nicht sehen, weder wie es uns selbst ergehen wird noch wie die für uns und alle Menschen neue Welt aussehen wird. Wir können durch den Vorhang des Todes nicht hindurchsehen. Aber Jesus ist vor uns durch diesen Vorhang gegangen. Der Weg entschwindet unserem Blick in ein dunkles Tal, in dessen Tiefe wir nicht schauen können. Jesus ist vor uns hinabgestiegen und auf der anderen Seite siegreich wieder erschienen. Er selbst ist der Weg, der durch den Tod zum Leben führt (Johannes 13,36 - 14,7). Wenn wir diesem Weg folgen, werden wir jenseits der Todeskluft die Heilige Stadt erblicken, in die man »die Pracht und den Reichtum der Völker bringen« wird und in die »nichts Unreines hineinkommen wird« (Offenbarung 21, 26f.). Folgen wir diesem Weg, können wir vorbehaltlos alle Aufgaben in dieser Welt wahrnehmen, die von uns als Menschen erwartet werden. Dabei wissen wir, daß nichts von unserem Tun gut genug ist, um zum Bau dieser Stadt beitragen zu können. Und wir wissen auch, daß alles — von unseren geheimsten Gebeten bis hin zu unseren öffentlichsten politischen Handlungen — ein Teil der sündenbefleckten menschlichen Natur ist, die in das Tal des Todes und Gerichtes hinabgehen muß. Wir wissen aber auch, daß wir das alles im Namen Christi dem Vater anvertrauen dürfen, daß es in der Kraft des Geistes bei ihm gut aufgehoben ist und — im Feuer gereinigt — schließlich seinen Platz in der Heiligen Stadt finden wird (vgl. 1. Korinther 3, 10-15).

Dieser Glaube schließt den Riß zwischen dem Öffentlichen und dem Privaten. Da kann es keinen politischen Fanatismus mehr geben, der eigene politische Leistung für einen Beitrag zum Bau des Reiches Gottes hält oder einen heiligen Krieg gegen Andersdenkende erklärt oder zum Erreichen eines politischen Paradieses einzelne Menschen mit Füßen tritt. Öffentliches politisches Handeln hat seinen schlichten Sinn darin, daß es eine Art gelebtes Gebet um die kommende Gottesherrschaft ist. Ebenso wenig kann es noch eine Frömmigkeit geben, die für sich selbst Heiligung erstrebt, und sich dabei aus dem Kampf um ein gewisses Maß an Gerechtigkeit und Freiheit im öffentlichen Leben zurückzieht. Unser Glaube kann uns politisch realistisch machen, ohne zynisch zu werden und für das höchste Gebot, das Gebot der Liebe, sensibel zu bleiben, ohne sentimental zu werden. Er bringt uns zu der demütigen Einsicht, daß auch die beste gesellschaftliche Ordnung von — aus Gottes Sicht — sündigen Menschen geschaffen und deshalb für Korruption anfällig ist; und er verbietet uns doch, dieses Wissen als eine Ausrede für politischen Quietismus zu gebrauchen, es statt dessen als Inspiration zu nützen, unermüdlich für die beste unter allen jetzt angebotenen politischen Möglichkeiten zu wirken.

2. Als zweiten wesentlichen Punkt im Fragen nach einer christlichen Gesellschaftsordnung möchte ich die christliche Lehre von der Freiheit nennen. Zu den größten Gaben, die wir der Aufklärung verdanken, gehört sicher die Anerkennung der Gedanken- und Gewissensfreiheit als allgemeines Menschenrecht. Auf diese Errungenschaft können wir niemals mehr verzichten. Und wir müssen zugeben, daß sie gegen eine entschlossene Opposition seitens der Kirche errungen wurde. Wenn wir ehrlich sind, müssen wir auch eingestehen, daß die gleichen Kirchen, die als Minderheit die Freiheit des Gewissens forderten, diese für sich selbst geforderte Freiheit anderen verweigerten, wenn sie zur Mehrheit wurden. Wie also können wir beim Gedanken an eine christliche Gesellschaft sicherstellen, daß die gleichen Sünden sich nicht wiederholen, wenn Christen anderen ihre Ansichten aufzwingen könnten? Wenn wir, wie ich es getan habe, auf der Pflicht des Staates bestehen, Wahrheit anzuerkennen, wie kann der gleiche Staat sich schützend vor etwas stellen, das er als Irrtum erkennt? Gäbe es einen christlichen Staat, müßte er nicht notwendigerweise intolerant sein? Das sind die Fragen, denen wir uns stellen müssen.

Zunächst müssen wir dabei unterscheiden zwischen Toleranz und Neutralität bzw. Indifferenz. Gibbon hat den Begriff Indifferenz einmal sehr schön verglichen mit dem Römischen Reich, in dem alle Religionen für das Volk gleich wahr, für die Philosophen gleich falsch und für die Regierung gleich nützlich waren. Und man kann schwerlich bestreiten, daß das auch für einige der heutigen »entwickelten« Gesellschaften zutrifft. Aber diese Art Neutralität ist entweder ein Anzeichen für einen bevorstehenden Zusammenbruch oder für die Tatsache, daß eine andere Ideologie den Platz eingenommen hat, der normalerweise von der Religion als der übergeordneten »Plausibilitätsstruktur« für das intellektuelle und politische Leben eingenommen wird. Nun ist totale Skepsis im Hinblick auf Grundüberzeugungen völlig unmöglich, denn eine Überzeugung kann nur von anderen Überzeugungen in Frage gestellt werden. Dann aber steht Indifferenz immer in der Gefahr, Freiraum zu schaffen für einen Fanatismus, der so intolerant sein kann, wie es je eine Religion gewesen ist. Toleranz ist leicht, wenn es um unwichtige Dinge geht. Doch kann man wirkliches Einstehen für die Wahrheit in äußerst wichtigen Fragen mit Toleranz für den Irrtum verbinden?

Wollen wir konsequent sein, muß die Antwort aus unserer Bindung an die Wahrheit gegeben werden, wie sie in Jesus ist, sie darf nicht außerhalb dieser Wahrheit gesucht werden. Man kann sie, nach meinem Dafürhalten, in der Form von drei Thesen geben.

A) Wir sahen bereits, daß der auferstandene Jesus, dessen Herrschaft im Zeugnis für die Wahrheit besteht, die Kirche vor der Versuchung gewarnt hat, die Offenbarung der Wahrheit unmittelbar zu erwarten, als sei sie mit Gewalt durchsetzbar. Der Vater gibt Raum und Zeit, in denen Menschen ihre Bindung an das Reich Gottes auf die einzig mögliche Weise geben können — nämlich in Freiheit. Der Gebrauch der gottgegebenen staatlichen Autorität zur Verweigerung dieser Freiheit ist immer eine Verletzung des Raumes, den Gott selbst gegeben und in die Verantwortung irdischer Herrscher gestellt hat.

B) Die Kirche ist als Treuhänderin der Wahrheit eine Gemeinschaft sündiger Menschen, die im Irrtum sind, wenn sie ihr eigenes Verständnis von Wahrheit mit der Wahrheit selbst gleichsetzen. Das Paradox der Gnade, das die Kirche eine Gemeinschaft von gerechtfertigten Sündern ist, also zugleich gerechtfertigt und doch noch Sünder, ist auch auf das Wahrheitsverständnis der Kirche anzuwenden. Genau da, wo Petrus die Wahrheit bekennt, konnte er ein Werkzeug des Satans werden (Markus 8, 29 und 33). Er hatte die Wahrheit erfaßt und machte sie sofort zu einem Instrument der Lüge. Die Sünde bleibt eine Wirklichkeit, auch im Leben der Gemeinschaft der Gerechtfertigten. Daher kann und wird es auch der Kirche immer wieder passieren, daß die ihr anvertraute Wahrheit in eine ideologische Begründung ihrer eigenen menschlichen Interessen verkehrt wird. Gott muß dann ständig auf seine anderen Diener, besonders auf den Staat, zurückgreifen, um die Kirche zur Umkehr zu bringen.

C) Das führt uns zu der dritten These. Dazu verweise ich auf die Reden Jesu im Johannesevangelium. Dort wird geschildert, wie unser Herr seinen Jüngern beibringt, daß sie über die Wahrheit noch viel zu lernen haben und sie ihnen nicht unmittelbar gesagt werden kann, daß aber der Geist, der ihnen gegeben werde, sie in alle Wahrheit führen wird. Der Kontext dieser Reden ist die lange Darstellung der missionarischen Erfahrung, die vor der Kirche liegt, nämlich ihre Zurückweisung durch die Welt und im Zeugnis, das der Geist geben wird im Sprechen für die Kirche, im Widerspruch gegen die Weisheit der Welt und in der Verherrlichung Jesu: er verkündigt der Kirche, daß jetzt alles, was der Vater hat, dem Sohn gehört, (Johannes 15,18 - 16,15). Diese Zusage wird erfüllt, wenn die Kirche sich auf ihren missionarischen Weg macht bis an die Enden der Erde und an die Enden der Zeit, wenn sie in den Dialog mit neuen Kulturen eintritt und dabei auch sich selbst ändert, wenn Neues aus der Welt des Vaters durch den Geist in den Schatz Christi eingebracht wird. In diesem missionarischen Dialog wird die Kirche einerseits dazulernen und andererseits den Raum schaffen, wo sie Christus als Haupt der Menschheit bezeugen kann und wo er mehr und mehr als der gesehen wird, der er ist, da neue Zungen ihn als Herrn bekennen.

Ein richtiges Verständnis des Evangeliums müßte Christen also fest machen können in ihrer Bindung an Christus als Weg und Wahrheit und Leben. Es müßte sie auch bereit machen können zum Eintritt in einen Dialog echten gegenseitigen Hörens mit denen, die diese Bindung an Christus nicht kennen, bei denen man aber doch etwas lernen kann und muß. Wer fest in Christus verankert ist — in dem Wissen, daß Christus viel größer ist, als es jeder von uns in seinem begrenzten Verstehen erfassen kann — wird dann gleichzeitig unbefangen in den missionarischen Dialog eintreten können, wie er hier beschrieben wurde. Eine wahre Toleranz, nicht zu verwechseln mit Indifferenz gegen die Wahrheit, ist auf dieser Basis möglich. Echter Dialog ist von Neutralität oder Indifferenz so weit entfernt wie eben möglich. Seine Grundlage ist die gemeinsame Überzeugung, daß es eine erkennbare Wahrheit gibt und daß beide Seiten die ihnen jeweils bekannte Wahrheit zu bezeugen und deshalb auch auf das Zeugnis der anderen zu hören haben.

Mit einem solchen Verständnis können wir uns auch einen Staat vorstellen (unabhängig davon, ob das z.Z. politisch realisierbar ist), der den christlichen Glauben als wahr anerkennt, aber Menschen mit anderen Weltanschauungen bewußt einen geschützten Freiraum gewährt. Ein solcher Staat unterschiede sich sowohl von den christlichen Staaten der Vergangenheit mit ihrer Unterdrückung andersdenkender Minderheiten als auch von den pluralistischen Staaten der Gegenwart, die sich erklärtermaßen nicht von bestimmten Vorstellungen vom Wesen und von der Bestimmung des Menschen leiten lassen — sich aber tatsächlich leiten lassen von einer ganz bestimmten Ideologie, nämlich der Ideologie der Aufklärung, wie es beispielsweise die islamischen Minderheiten in Großbritannien sehr deutlich erfahren. In einem solchen Staat wäre die Idee von der eigentlichen Rolle politischer Ordnung verkörpert, wie sie die Bibel wohl meint.

Die Feuerprobe für eine solche Idee läge in ihren Folgerungen für das Bildungswesen. Es gibt kein Gebiet, wo die Probleme unmittelbarer und schwieriger sind als hier. Was immer wir über die religiöse Neutralität des Staates sagen können, das Denken junger Menschen wird während ihrer Schul- und Studienzeit in bestimmte Richtungen gelenkt. Bildung ist nicht religiösneutral und kann es auch nicht sein. Die Streichung des Religionsunterrichtes aus dem Lehrplan ist an sich schon eine folgenschwere Darstellung dessen, was eine Gesellschaft glaubt und was sie von ihren Kindern zu glauben erwartet. Und wenn die Muslime, die heute in Großbritannien schon einen Anteil von 6% an der Gesamtbevölkerung haben und in einigen innerstädtischen Schulen 80% stellen, dann geht uns auf, wie schon allein der Gedanke, Religion könne wie ein Lehrfach neben Physik, Geschichte und Literatur betrachtet werden, ein Angriff auf die Fundamente des Glaubens ist. Auf die hier gestellten Fragen gibt es nur dann eine Antwort, wenn man zugesteht, daß menschliche Gemeinschaften die Erfahrung eines wirklichen Gegensatzes zwischen unterschiedlichen Behauptungen letzter Wahrheit aushalten müssen. Jeder Gedanke, man könne neutral bleiben, ist eine Illusion. Ich glaube, das christliche Evangelium bietet und eröffnet die Möglichkeit für ein — öffentliches und privates — Leben, in dem man sowohl handlungsorientierte Grundüberzeugungen vertreten als auch Freiheit für Andersdenkende gewähren kann.

Das Verhältnis des christlichen Verständnisses von Freiheit zu dem der Aufklärung kann nur ein kritisches sein. Aus biblischer Sicht ist ein Mensch nicht autonom und kann es nie sein. Entsprechend wird Befreiung in der Bibel immer als Wechsel einer Herrschaft oder einer Rechtsordnung gesehen, von der falschen Herrschaft zur richtigen, vom Dienst Pharaos zum Dienst Jahwes (Exodus 3,13; 6,6) aus der Herrschaft von Sünde und Tod unter die Herrschaft Gottes (Römer 6, 20-23). Aus der Sicht der Aufklärung ist der biblische Freiheitsgedanke, die Freiheit dessen, der dem wahren Herrn dient, paradox. Aus der Sicht der Bibel ist die von der Aufklärung gerühmte Freiheit die von der Schlange im Paradies vorgegaukelte Freiheit, selbst über Gut und Böse befinden zu können. Gehen wir auf ihr Angebot ein, dann begeben wir uns unter die Herrschaft zerstörerischer Mächte. Wir werden, so Paulus, Sklaven der Sünde. Wahre Freiheit ist eine Gnadengabe, geschenkt von dem Einen, der tatsächlich der Herr ist. Diese frei geschenkte Gabe kann auch nur in Freiheit empfangen werden. Daraus folgt, daß die Kirche diese Gabe nur dann bezeugen kann, wenn man auch die Freiheit hat, sie zurückzuweisen. Doch die Kirche muß weiterhin bezeugen, daß das die einzig wahre Freiheit ist: ganz und gar dem Einen zu gehören, der Raum schuf für die Freiheit und dem zu dienen vollkommene Freiheit ist.

3. Als dritte Forderung für eine missionarische Begegnung mit unserer Kultur möchte ich eine »entklerikalisierte« Theologie nennen.Was ich damit meine, kann ich vielleicht am besten erklären, wenn ich auf einen bewegenden Abschnitt in Teilhard de Chardins kleiner klassischer Schrift über das geistliche Leben »Le Milieu Divin« hinweise. Da ist die Rede von einem Christen, der auch Wissenschaftler ist, der von seinem nichtchristlichen Kollegen auf die Probe gestellt wird. Dieser sagt etwa folgendes: »Wir, die wir unsere Wissenschaft ernst nehmen, können dir, der du ein Christ bist, nicht völlig trauen.

Denn wie großartig auch immer deine wissenschaftliche Arbeit sein mag, so wissen wir doch, daß du sie letztlich nicht ernst nimmst. Für dich liegen die eigentlich ernstzunehmenden Dinge in einer Welt jenseits der Wissenschaft. Für dich ist Wissenschaft letztlich nicht wichtig. Im letzten Gericht, wie du es verstehst, wird es nicht darauf ankommen, ob deine Schlußfolgerungen richtig oder falsch sind: dort wirst du nur noch nach deiner Aufrichtigkeit, deiner Wahrheitsliebe, deiner Demut usw. gefragt. Wirklich, deine Wissenschaft ist nur noch eine Art Spiel, ein Spielplatz, auf dem du deine geistlichen Muskeln trainieren kannst. Du bist nicht wirklich seriös.«[2]

Teilhard hält das für stichhaltig. Das Gewicht traditioneller christlicher Lehre hatte auf dem Jenseits gelegen. Sie sagte mehr zur Bewältigung von Versagen als zum Erringen von Erfolgen, mehr zum Leiden als zum Handeln. Theologie war das Reservat derer, die als Priester und Pastoren für das geistliche Leben ihrer Leute sorgten. Wenn nun Theologen, deren ganze Arbeit in diesem pastoralen Dienst besteht, über politische und wirtschaftliche Angelegenheiten sprechen wollen, haben ihre Worte nicht viel Gewicht. Und Christen, die sehr stark in weltlichen Bezügen leben, halten Theologie für ein mysteriöses Geschäft professioneller Kleriker. Dieser Rückzug der Theologie aus dem weltlichen Bereich wird noch verstärkt durch die Arbeit von Bibelauslegern, deren unendlich faszinierenden Ausführungen den Laienchristen zu der Einsicht bringen, daß man die Bibel nur dann wirklich verstehen kann, wenn man die Auslegungsmethoden kennt. Wir befinden uns genau da, wo die Reformatoren Grund zur Klage hatten. Man hat den Laien die Bibel aus der Hand genommen; sie ist zum Eigentum diesmal nicht der professionellen Priesterschaft, sondern der professionellen Theologen geworden. Seit es die Bewegung biblischer Theologie nicht mehr gibt, wagen nur noch wenige Christen, sich für ihre politischen Entscheidungen auf die Autorität der Schrift zu berufen.

Die missionarische Begegnung mit unserer Kultur, für die ich eintrete, wird die energische Förderung einer entklerikalisierten Laientheologie brauchen. Damit fordere ich gewiß nichts Neues. Vor 40 Jahren hatten Hendrik Kraemer, W.A. Visser't Hooft und Suzanne de Dietrich den gleichen Gedanken und suchten ihn im Ökumenischen Institut in Bossey zu verwirklichen. In den Jahren danach haben viele christliche Laien aus allen Teilen der Welt davon etwas mitbekommen. Aber dieses Schiff ist zu klein, um diese Ladung für die ganze weltweite Kirche zu tragen. Wir brauchen eine Vielzahl von Orten, an denen diese Art Laientheologie betrieben werden kann. Wir müßten viel besser dafür sorgen, daß Erklärungen von Kirchenführern zu ethischen, politischen und wirtschaftlichen Fragen aus einer Theologie erwachsen, die vor Ort erarbeitet wurde, da wo der Glaube unter persönlichen Opfern mit den

2. Vgl. Teilhard de Chardin, Der göttliche Bereich, S. 54ff.

harten Fragen öffentlichen Lebens zu ringen hat. Und vor allem müssen wir in jeder Gemeinde Möglichkeiten für die Laien schaffen, miteinander die Erfahrungen ihrer Alltagsarbeit auszutauschen und Evangelium für ihr weltliches Tagewerk Wegweisung zu erhalten. Nur so werden wir ansatzweise zusammenbringen können, was unsere Kultur getrennt hat — das Private und das Öffentliche. Nur so wird die Kirche ihrem eigentlichen missionarischen Auftrag gerecht. Es gibt zwar Gelegenheiten, wo die Kirche durch ihre Synoden und Hierarchien Erklärungen zu öffentlichen Angelegenheiten abgeben muß, doch es ist viel wichtiger, daß ihre Laien darauf vorbereitet und dafür zugerüstet werden, die Beziehung ihres Glaubens zu ihrem Alltag durchzudenken. Denn genau hier findet die wirklich missionarische Begegnung statt.

Auf diesem Gebiet haben vor allem niederländische Theologen gründlich gearbeitet, von der angelsächsischen Theologie her aber fand das nach meiner Kenntnis nur wenig Beachtung. Ich denke an die Arbeit von Abraham Kuyper und Hermann Dooyeweerd über die Souveränität der Bereiche (Kuyper: »Souvereiniteit in eigen kring«). Danach hat Gott als Teil seiner Schöpfungsordnung jedem der größeren Bereiche des menschlichen Lebens ein gewisses Maß Autonomie gegeben, einschließlich solcher Bereiche wie Kunst, Wissenschaft, Politik, Ethik und Glaube. Entsprechend ist jede menschliche Gemeinschaft, die für die Vorgänge in einem dieser Bereiche verantwortlich ist, auch Gott direkt verantwortlich und nicht der Gemeinschaft des Glaubens (der Kirche), die keine direkte Autorität über sie hat. »Souveränität der Bereiche« bedeutet, daß jeder Bereich in der Gesellschaft eine gottgegebene Aufgabe und Kompetenz hat, soweit sie sich auf das eigene innere Wesen dieses Bereiches beschränkt.[3] Dooyeweerds Weiterführung dieses Gedankens ist nach meiner Auffassung zu scholastisch und in der Bezugnahme auf die Autorität der Bibel sachlich falsch. Aber die Richtung dieses Denkens scheint mir wichtig. Denn sie vermeidet einerseits den nachaufklärerischen Gedanken der völligen Autonomie dieser Bereiche und andererseits die mittelalterliche Vorstellung, daß alle diese Bereiche unter die Autorität der Kirche gehören. Dennoch wird diese Denkrichtung nur dann fruchtbar sein, wenn die Arbeit von Wissenschaftlern, Wirtschaftlern, politischen Philosophen, Künstlern und anderen sich Einsichten öffnen, die sich aus rigorosem theologischem Denken ergeben. Für eine so entklerikalisierte Theologie wird die Kirche die Rolle der Dienerin und nicht die der Herrin zu übernehmen haben.

4. Der vierte Punkt in dieser Liste des Bedarfs für eine missionarische Begegnung mit unserer Kultur ist eine radikale theologische Kritik der Theorie und Praxis des Denominationalismus (Konfessionalismus). Richard Nie-

3. H. Dooyeweerd, Roots of Western Culture, S. 22.

buhrs Diktum »Denominationalismus ist die Darstellung des moralischen Versagens der Christenheit« ist oft zitiert worden; aber das hat er vor mehr als 55 Jahren geschrieben. Heute steht die Rechtfertigung des Denominationalismus wieder in Ansehen. In einem bekannten Aufsatz mit dem Titel »Denominationalism as a Basis for Ecumenicity« (1955) hat Winthrop Hudson den Denominationalismus mit den folgenden Behauptungen beschrieben und gerechtfertigt: Keine Denomination erhebt den Anspruch, die ganze Kirche Christi zu vertreten; keine behauptet, daß alle anderen Kirchen falsche Kirchen seien; keine fordert, daß alle Mitglieder der Gesellschaft auch bei ihr Mitglieder sein müssen; keine fordert, daß Gesellschaft und Staat sich nach ihren kirchlichen Vorschriften richten sollen; aber alle erkennen ihre gemeinsame Verantwortung für die Gesellschaft. Negativ ausgedrückt ist deshalb eine Denomination keine Sekte. Positiv ist eine Denomination nach Sidney Mead »eine freiwillige Vereinigung gleichgestimmter und gleichgesinnter Individuen, die sich aufgrund gemeinsamer Überzeugungen zum Erreichen greifbarer und bestimmter Ziele zusammengeschlossen haben.« Eines der ersten Ziele ist die Verbreitung ihrer Ansichten.[4] Es ist eine geschichtliche Tatsache, daß der Denominationalismus, wie er heute in den Vereinigten Staaten in Blüte steht, aus freiwilligen Vereinigungen entstanden ist, die sich zu missionarischen Aufgaben zusammenfanden. In den Aufsätzen, aus denen ich zitiert habe, wird die Denomination als die große Gabe der nordamerikanischen Christenheit für die universale Kirche gefeiert. Nach den Worten von Karl Hertz ist »Denominationalismus die neue amerikanische Art von Christenheit«[5] und in weiten Teilen der Welt wird die Denomination/Konfession als die natürliche Form der Kirche angesehen. Nun kann gewiß niemand leugnen, daß Konfessionen mächtige, zielgerichtete und wirkungsvolle Organe der Selbstdarstellung waren und sind. Aber zu fragen ist: Wie ernsthaft fordert das denominationelle Prinzip — wie es seine Befürworter übereinstimmend tun — die Aufgabe des Anspruchs, Kirche im Wortsinn des Neuen Testaments zu sein? In den Paulusbriefen wird der Name *ekklesia tou theou* ganz klar auf vorhandene sichtbare Gemeinschaften sündiger Menschen bezogen, unterschieden nur durch die Namen ihrer Wohnorte — Gottes Gemeinde in Korinth, Philippi oder Thessaloniki. Der ganzen Gemeinschaft solcher Menschen an allen Orten wird also dieser Name zugelegt, denn es ist der gleiche Gott, der sie an jedem Ort versammelt. Diese Versammlungen sind die Kirche. Die Vertreter des Denominationsprinzips geben zu, daß eine Denomination nicht den Anspruch erhebt und auch nicht erheben kann, eine Kirche oder die Kirche in einem biblischen Sinne zu sein. Nach ihrer Ansicht ist die Kirche in ihrem wahren Wesen unsichtbar: die Denomination/Kon-

4. Russel E. Richey, Hrsg. Denominationalism, S. 167.
5. ebenda, S. 264.

fession ist eine teilweise Verwirklichung der Kirche, aber beansprucht nicht, *die* Kirche zu sein. Sie ist ein freiwilliger Zusammenschluß aufgrund freier persönlicher Entscheidung, nach der eine Anzahl von Individuen für bestimmte Ziele zusammenarbeiten. Diese Ziele hatte man im 19. Jahrhundert, als die Denominationen weitgehend entstanden, als Wachstum des Reiches Gottes bezeichnet.

Unter den Religionssoziologen besteht Übereinstimmung darin, daß Denominationalismus der religiöse Aspekt der Säkularisierung ist. Er ist die Gestalt, die Religion in einer von der Ideologie der Aufklärung bestimmten Kultur annimmt. Er ist die soziologische Form, in der die Privatisierung der Religion zum Ausdruck kommt. Dazu sagt Thomas Luckmann: »Ist Religion einmal zur Privatsache erklärt, dann kann der Einzelne aus dem Sortiment von Weltanschauungen sich die aussuchen, die ihm paßt.«[6] Die Denomination ist Heimat und Zuflucht für alle, die die gleiche Wahl getroffen haben. Sie ist dabei grundsätzlich außerstande, Staat und Gesellschaft insgesamt vor den Anspruch zu stellen, vor den Jesus Pilatus stellte — den Anspruch auf Wahrheit. Sie ist nicht Kirche im Sinn der Bibel.

Daraus folgt, daß weder eine einzelne Denomination noch alle Denominationen gemeinsam in einer Art von Bund oder »versöhnter Verschiedenheit« Werkzeuge missionarischer Konfrontation mit unserer Kultur sein können, schlicht und einfach deshalb, weil sie selbst die größeren und sichtbaren Zeichen einer inneren und geistlichen Kapitulation vor der Ideologie unserer Kultur sind. Sie können unsere Kultur nicht mit dem Zeugnis der Wahrheit konfrontieren, denn sie beanspruchen nicht einmal für sich selbst, mehr zu sein als Vereinigungen einzelner Menschen, die gemeinsame private Überzeugungen haben. Eine echte ökumenische Bewegung, eine Bewegung also, die die Herrschaft Jesu Christi über die ganze bewohnte »oikumene« bezeugt, kann nicht die Form eines Bundes einzelner Denominationen oder Konfessionen annehmen. Sie muß wieder mit Geduld suchen, was auch die Reformatoren suchten — »die Gestalt der einen heiligen allgemeinen Kirche wieder herzustellen«. Ein ermutigender Zug im kirchlichen Leben des heutigen England ist die steigende Zahl der »örtlichen ökumenischen Projekte«, die die denominationell getrennten Kirchen an einem Ort zusammenbringen, um ein verbindlicheres und glaubwürdigeres christliches Zeugnis für alle Menschen an diesem Ort zu geben. Das sind noch vereinzelte, zerbrechliche und verletzliche Ansätze, aber sie zeigen die Richtung, in die die ganze Kirche zu gehen hat.

5. Als fünfte Voraussetzung für eine missionarische Begegnung mit unserer Kultur nenne ich die Notwendigkeit, unsere eigene Kultur mit den Augen von Christen sehen zu lernen, die durch andere Kulturen geprägt sind. Paulus sagt,

6. T. Luckmann, The Invisible Religion, S. 99.

daß wir »mit allen Heiligen die Größe Christi begreifen« (Epheser 3,14ff.). Wir brauchen das Zeugnis der ganzen ökumenischen Familie, wenn wir authentische Zeugen Christi für unsere eigene Kultur sein wollen. Ich habe in einem früheren Kapitel auf den Eindruck verwiesen, den wir beim Blick auf Jesusbilder aus unterschiedlichen Kulturen gewinnen. Sie verdeutlichen uns, wie unsere eigene Sicht von Jesus durch unsere Kultur beeinflußt ist. Das kann nicht anders sein. Die Tatsache, daß Jesus viel mehr, viel größer ist als unsere kulturabhängige Sicht von ihm, können wir nur durch das Zeugnis derer wirklich begreifen, die ihn mit anderen Augen sehen. Asiatische und afrikanische Christen, die das Evangelium von europäischen und amerikanischen Missionaren empfangen haben und deshalb zunächst Jesus nur mit den Augen unserer Kultur zu sehen lernten, ringen nun darum, durch eigenes Bibelstudium und eigenen Gehorsam in ihrer eigenen Zeit und am eigenen Ort eine Form christlichen Glaubens und Verhaltens im Rahmen ihrer eigenen Kulturen zu artikulieren. Wir brauchen ihr Zeugnis, um unseres zu korrigieren, wie sie natürlich auch unseres brauchen, um ihres zu korrigieren. Zur Zeit aber brauchen wir es nötiger, denn sie sind sich der Gefahren des Synkretismus, einer illegitimen Allianz mit falschen Elementen ihrer Kultur, bewußter, als wir es waren. Aber ob wir oder sie, wir brauchen uns dringend gegenseitig, wenn wir treue Zeugen Christi in unseren vielen unterschiedlichen Kulturen sein wollen.

Aus diesem Grunde müssen die Kirchen in der westlichen Welt erkennen, daß sie ohne den Ökumenischen Rat der Kirchen nicht auskommen. Als dieser Rat seine zweite Vollversammlung 1954 in Evanston hielt, wurde dies zu einer großen Medienschau. Es gab einen ungeheuren Enthusiasmus im ganzen Volk, selbst die weltliche Presse und der Rundfunk waren voll davon. Heute betrachtet man den Ökumenischen Rat der Kirchen in vielen Teilen der westlichen Welt weitgehend mit tiefem Mißtrauen. Der Grund liegt auf der Hand. Vor 30 Jahren sah man die ökumenische Bewegung als weltweiten Triumph unserer Art von Christentum. Die farbigen und farbenreichen Vertreter der asiatischen und afrikanischen Kirchen wurden begrüßt und photographiert als Trophäen unseres missionarischen Erfolges. Heute wird die ökumenische Bewegung als Bedrohung empfunden, und die Theologien, die aus den jüngeren Kirchen auf uns zukommen, stellen unsere eigene Gewißheit in Frage. Natürlich ist eine Theologie nicht schon deswegen richtig, weil sie aus Buenos Aires oder Jakarta kommt, aber wir können unsere eigene missionarische Verantwortung für das eigene Volk nicht gehorsam wahrnehmen, wenn wir nicht auf das hören wollen, was der lebendige Gott uns durch seine Diener in anderen Kulturen zu sagen hat. Wir brauchen alle Heiligen, und der Missionar, der nach draußen geht, ist nicht nur eine vorübergehende, sondern eine ständige Notwendigkeit für das Leben der Kirche, immer vorausgesetzt, daß die Missionare sich in viele Richtungen bewegen und alle Kirchen sowohl sendende wie empfangende sind. Das Wort Gottes muß in jeder Sprache verkündet werden, aber es läßt sich an keine binden. Die derzeitige Verleumdungskampagne gegen den Ökumenischen Rat der Kirchen kann man sicher bezeichnen und vielleicht sogar begrüßen als ein Zeichen, daß das scharfe Schwert des Wortes Gottes unsere Selbstgefälligkeit durchbohrt und den unbeschwerten Synkretismus, in dem unsere westliche Christenheit schon so lange lebt, in Frage stellt.

6. Als sechste Voraussetzung für eine missionarische Begegnung mit unserer Kultur nenne ich schlicht den Mut, einen Glauben festzuhalten und zu verkündigen, der nach den Maßstäben unserer Gesellschaft nicht als wahr bewiesen werden kann. Das hört sich vereinfachend an, ist es aber nicht. Unsere moderne wissenschaftliche Kultur ist stets dem Ideal einer völlig unpersönlichen Kenntnis, einer Welt sogenannter Fakten gefolgt, die einfach da sind, die nicht mit vernünftigen Gründen angezweifelt werden können und die die wirkliche Welt darstellen im Gegensatz zu Ansichten, Wünschen, Hoffnungen und Befürchtungen von Menschen, eine Welt, in der die Worte »Bestimmung« und »Wert« keine Bedeutung haben. Diese Art, die Ganzheit menschlicher Erfahrung zu verstehen, beruht auf Überzeugungen, die einfach nicht hinterfragt werden. Denn jeder Versuch, Erfahrung zu verstehen und mit ihr fertig zu werden, muß auf einer solchen Überzeugung beruhen. Jede Überzeugung ist natürlich offen für kritische Fragen, aber Kritik kann man nur von anderen Überzeugungen her üben, die — beim Vorgang der Kritisierens — von der Kritik ausgenommen sind.[7] Jedes Verständnis von Wirklichkeit beruht auf einer Verbindlichkeit, einem Wagnis des Glaubens. Kein Überzeugungssystem kann nur darum bemängelt werden, weil es auf unbewiesenen Voraussetzungen beruht; was bemängelt werden kann und muß, ist die Blindheit seiner Anhänger für die Tatsache, daß das so ist.

Das Evangelium ist nicht eine Sammlung von Glaubenssätzen, die zurückgehen oder zurückgehen könnten auf empirische Beobachtung der menschlichen Erfahrung. Es ist die Bekanntmachung eines Namens und einer Tatsache, die den Ausgangspunkt bilden für eine neue und lebenslange Initiative, in der Erfahrung verstanden und verarbeitet wird. Das ist ein neuer Ausgangspunkt. Ihn einzunehmen, bedeutet einen neuen Anfang, eine radikale Umkehr. Wir können dieser Notwendigkeit nicht ausweichen. Es war schon immer so, daß Glauben eine Kehrtwendung bedeutete, in eine andere Richtung zu schauen, Dissident zu werden, gegen den Strom zu schwimmen. Die Kirche muß sich in aller Demut eingestehen, daß sie selbst darin erst zu lernen hat. Und sie wird der Vielfalt menschlicher Erfahrung Beachtung schenken müssen, damit sie in der Praxis lernt, was es heißt, daß Jesus König

7. S. M. Polanyi, Personal Knowledge, S. 269-294.

und Haupt der Menschheit ist. Aber die Kirche muß auch den Mut aufbringen, sich zu dem zu bekennen, der allein ihr König und ihr Haupt ist. Daß das sichtbar und daß es bewiesen wird, darauf werden wir bis ans Ende zu warten haben. Bis dahin müssen wir in unserem Zeugnis mutig und standhaft und in unserer Hoffnung geduldig sein. Denn »wir haben an Christus Anteil bekommen, wenn wir die Zuversicht vom Anfang bis zum Ende festhalten« (Hebräer 3,14).

7. Eines muß nun noch gesagt werden. Mut und Demut, Erwartung und Geduld sind nicht Produkt irgendeines menschlichen Heroismus. Sie sind spontanes Überfließen einer lobpreisenden Gemeinschaft. Sie sind die Strahlen einer übernatürlichen Wirklichkeit. Diese Wirklichkeit ist vor allem die Wirklichkeit Gottes, die überschwengliche Fülle im Wesen des dreieinigen Gottes, in dem die Liebe immerdar geschenkt und immerdar erfahren wird in einem ewig neuen Wechselspiel. Sie ist zweitens das Überfließen dieser Liebe durch die Gegenwart des Geistes Gottes im Leben der Gemeinschaft, die aus ihrem Glauben an Christus lebt. Von dieser überschwenglichen Herrlichkeit heißt es, daß sie den Glaubenden geschenkt wird, damit sie als eine Gemeinschaft erkennbar werden, in der die Liebe Gottes erprobt und erkannt wird (Johannes 17, 20-23). Das macht die Kirche zu einem Ort der Freude, des Lobpreises, des Staunens und des Lachens, zu einem Ort, der ein Vorgeschmack des unendlichen himmlischen Staunens ist.

In meiner eigenen Erfahrung hat mich die Begegnung mit zwei sehr unterschiedlichen Glaubensgemeinschaften stark berührt. In ihnen wurden Menschen aus der grauen Öde einer säkularisierten und ernüchterten Welt herausgeholt: die Pfingstler und die Russisch-Orthodoxen. So sehr sie sich voneinander unterscheiden, haben sie doch eines gemeinsam: ihr Leben hat seine Mitte im Lobpreis — einem Lobpreis, der wörtlich »außerhalb dieser Welt« ist und gerade deshalb zu dieser Welt sprechen kann. Wo es diesen Lobpreis gibt, ist die Ausstrahlung ihrer übernatürlichen Wirklichkeit stark genug, Menschen in ihren Bann zu ziehen.

Ich schreibe das alles in der Zeit um Ostern, dem Ereignis, an dem eine gewisse Art Rationalismus verzweifelt, das aber Ausgangspunkt ist für eine neue Rationalität. Das Ereignis der Auferstehung, das leere Grab und der auferstandene Herr zerbrechen jede Form, die Gott in den Rationalismus einer gefallenen Welt einsperren möchte. Aber es ist der Ausgangspunkt für eine neue Art Rationalität, für die Möglichkeit, hoffnungsvoll zu leben in einer Welt ohne Hoffnung, für den beständigen Lobpreis Gottes, der nicht nur aus dem Chaos Ordnung schafft, sondern auch durch verhärtete Ordnungen hindurchbricht, um immer neue Situationen des Staunens und der Freude zu schaffen.

»Wenn der Herr die Gefangenen Zions erlösen wird,
so werden wir sein wie die Träumenden
Dann wird unser Mund voll Lachens
und unsere Zunge voll Rühmens sein
Dann wird man sagen unter den Heiden:
Der Herr hat Großes an ihnen getan!
Der Herr hat Großes an uns getan,
des sind wir fröhlich. (Psalm 126, 1-3)«

Das Zeugnis der Kirche unter den Völkern ist im Grunde das Überfließen einer Gabe. Mut und Zuversicht sind die Kennzeichen derer, die vor Freude staunen und die wissen, daß sie immer wieder neu staunen werden, weil Gott groß ist.

Wolfgang Bittner

Heilung — Zeichen der Herrschaft Gottes

»Der Autor ruft in Erinnerung, daß Heilen in der Sendung des ‚Heilands' hohe Priorität hatte. Die Jünger und die Gemeinde sendet er zu heilen, weil Heil und Heilung, zeitliches Wohl und ewiges Heil in der Bibel nicht auseinandergerissen werden. Wer sich mit der Frage der Krankheit vom Glauben her auseinandersetzen will, wird interessante Hinweise aus Bibel und Kirchengeschichte finden. Frömmigkeit und Gemeindeleben hat der Autor in diesem Buch im Blick, wobei sein Grundgedanke immer wieder deutlich wird. Heilung will unter uns wirklich werden, weil Gott damals und heute auf diese Weise Zeichen seiner Herrschaft setzt.«

160 Seiten, Paperback,
Bestell-Nr. 34664

Klaus Haacker (Hg.)

Lernen und Leben

Ansprachen an Theologiestudenten

Worum geht es im Theologiestudium, und worauf kommt es vor allem an? Dem Gespräch über solche Fragen dient diese Auswahl älterer und neuerer Texte bedeutender Theologen. Das Buch bietet Gesprächsstoff für Studierende der Theologie und alle an Theologie Interessierte.

144 Seiten, Paperback,
Bestell-nr. 34660

**Fritz Schwarz/
Christian A. Schwarz**

Theologie des Gemeindeaufbaus

Ein Versuch

Der Begriff »Gemeindeaufbau« soll von seiner Vieldeutigkeit befreit werden. Die Autoren wollen deutlich machen, daß Gemeindeaufbau nicht das Hobby von Spezialisten ist, sondern sich die Zukunft von Theologie und Kirche daran entscheiden wird, inwieweit sich diese von der Notwendigkeit des Gemeindeaufbaus bewegen lassen. Das Buch wendet sich an alle, die in Kirche und Theologie arbeiten, an Theologen wie an Nichttheologen.

309 Seiten, Paperback,
Bestell-Nr. 34663

**Bertold Klappert/
Ulrich Weidner (Hg.)**

Schritte zum Frieden

Theologische Texte zu Frieden und Abrüstung

Endlich ein Buch, das zu den Reizthemen Atomwaffen, Frieden oder Sicherheit, Pazifismus und Abrüstung biblisch und theologisch Position bezieht! Schon vergessene Stimmen unserer theologischen Väter — vom Pietismus bis zur Bekennenden Kirche — aber auch ganz neue theologische Beiträge haben grundlegend und gleichzeitig provozierend zu diesen Themen Stellung genommen.

320 Seiten, Paperback,
Bestell-Nr. 34662

Aussaat- und Schriftenmissions-Verlag
Neukirchen-Vluyn